한양 한국어
6-2

발간사

한국어는 전 세계 가장 아름다운 언어 중 하나이며 8천만 인구가 사용하고 있는 언어입니다. 최근 한국의 대중문화, 엔터테인먼트, TV 드라마 및 영화의 인기로 인해 제2 언어로서의 한국어 교육 수요가 급증하였습니다. 그렇지만 한국어는 외국인이 배우기에 가장 어려운 언어 중의 하나이기도 합니다. 따라서 한국어를 배우고자 하는 외국인과 재외 동포들이 좀 더 쉽게 고급 한국어를 습득할 수 있도록 하기 위해 〈한양 한국어 6〉을 발간하게 되었습니다.

〈한양 한국어 6〉은 국제 통용 한국어 표준 교육과정 6급 기준에 맞추어 학습자들이 인류 보편적인 주제에 대해 유창하고 정확하게 자신의 의사를 표현하고 격식이 요구되는 자리에서 적절하게 의사소통하는 것을 목표로 삼아 구성하였습니다. 〈한양 한국어 6〉은 총 8개의 단원으로, 한 단원은 4일에 걸쳐 학습할 수 있도록 편성하였는데 각 일차별 학습 내용은 모듈 방식을 적용하여 주제에 따라 연계되어 있으면서도 독자적인 수업 운영이 가능하도록 구성하였습니다. 제1일에는 목표 어휘와 표현을 익힌 후 단원의 대화문을 중심으로 듣기, 읽기, 말하기 활동을 종합적으로 할 수 있도록 하였습니다. 제2일에는 목표 문법을 익힌 후 다양한 구어 담화를 중심으로 듣기, 말하기 활동을 할 수 있도록 하였습니다. 제3일에는 유형별 텍스트를 중심으로 읽기, 쓰기 활동을 하고 다양한 사회문화적 현상에 대해서 토론해 볼 수 있도록 하였습니다. 제4일에는 주제별 발표 활동과 연구 보고서 작성 활동을 통해 학술적인 말하기와 글쓰기를 시행해 보도록 하였습니다. 〈한양 한국어 6〉은 학문적 말하기와 글쓰기를 체계적으로 학습할 수 있도록 하였으며, 상호문화적 학습 활동을 통해 세계 시민에게 요구되는 역량을 기를 수 있도록 하였다는 데 가장 큰 특징이 있습니다.

모국어가 아닌 언어를 배우기 위해서는 많은 시간이 걸리는데, 특히 문화권이 다른 언어를 오래 배우다 보면 문화, 예절, 생활 습관의 차이로 벽에 부딪히는 사례가 많습니다. 이에 〈한양 한국어 6〉을 집필하면서 학습자들이 한국어 및 한국 문화 그리고 한국 사회에 대해 더욱 깊이 이해하고 스며들 수 있도록 하기 위해 노력하였습니다. 앞으로 좀 더 많은 외국인과 재외 동포들이 이 교재를 통해 한국어의 아름다움을 느끼고 즐기게 되길 바랍니다.

끝으로 〈한양 한국어 6〉을 집필해 주신 김정훈 교수님, 배소영 교수님, 강현주 교수님께 감사드립니다.

2021년 11월 30일
한양대학교 국제교육원장
윤종승

일러두기

1. 〈한양 한국어 6〉 소개

〈한양 한국어 6〉은 외국인과 재외 동포를 위한 통합 교재로 국제 통용 한국어 표준 교육과정에 기반하여 6급 학습자에게 필요한 교육내용을 담았다. 역사, 문화, 환경, 민속, 사회, 경제, 정치 등 인류 보편적인 주제에 대해 유창하고 정확하게 자신의 의사를 표현하고 격식이 요구되는 자리에서 적절하게 의사소통하는 것을 목표로 삼아 단원을 구성하였다. 〈한양 한국어 5〉의 후속 교육과정으로 학문적 말하기와 글쓰기를 체계적으로 학습할 수 있도록 하였으며, 특히 상호문화적 관점에서 한국의 사회와 문화, 한국인의 가치관과 사고방식을 이해하고 자국의 상황과 비교해 보도록 함으로써 세계 시민에게 요구되는 역량을 기를 수 있도록 하였다.

2. 교재 구성과 학습 시간

〈한양 한국어 6〉은 총 200시간(주 5회, 총 10주)의 교육과정을 운영할 수 있도록 구성하였다. 주제별로 8개의 단원으로 구성하였는데 한 단원은 하루 4시간씩, 4일에 걸쳐 수업할 수 있도록 하였고, 1일은 운영 기관의 특성에 따라 특별활동이나 복습 등으로 유연하게 구성할 수 있도록 하였다. 각 일차별 학습 내용은 모듈 방식을 적용하여, 주제에 따라 연계되어 있으면서도 독자적인 수업 운영이 가능하도록 구성하였다. 한편 각 단원은 〈도입〉, 〈어휘와 표현〉, 〈대화문〉, 〈심화 표현〉, 〈문법과 표현〉, 〈심화 표현〉, 〈듣고 말하기〉, 〈읽고 쓰기〉, 〈주제 토론〉, 〈학술적 말하기〉, 〈학술적 글쓰기〉로 구성하였다.

부록의 〈어휘 목록〉에는 교재에서 다룬 어휘를 정리해 목록으로 제시하였고 〈듣기 지문〉과 〈듣기 답안〉, 〈어휘 색인〉과 〈문법 색인〉을 실어 학습자가 필요한 정보를 찾기 용이하도록 하였으며 필요에 따라 보충적인 자가 학습을 할 수 있도록 하였다.

3. 단원의 세부 구성

학습 목표
단원을 학습한 후 학습자에게 기대되는 성취 행동을 제시하였다.

학습 내용
일차별로 학습할 내용을 범주별로 정리해 제시하였다.

QR 코드
해당 단원의 음성 녹음 자료를 스트리밍하여 듣거나 다운로드할 수 있도록 하였다.

1일차

도입
단원 주제와 관련하여 미리 알아두어야 할 배경 지식을 확인하고 상호문화적 관점에서 해당 주제에 대해 이야기해 보도록 하였다.

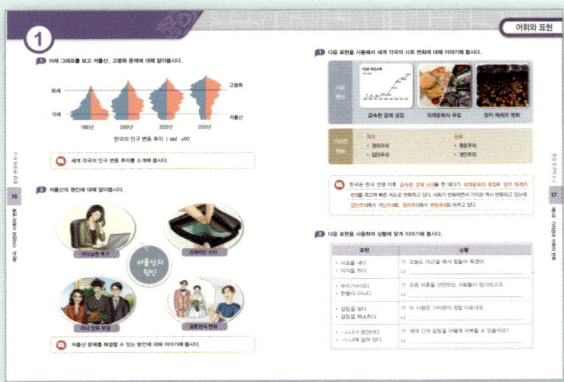

어휘와 표현

1. 단원 주제와 관련된 어휘와 표현을 사진이나 삽화와 함께 제시하고, 예시 담화를 참고하여 학습자가 배운 어휘와 표현을 직접 활용해 볼 수 있도록 하였다.

2. 대화문에서 사용된 유용한 표현들을 실제적인 담화 상황과 함께 제시하여 학습자가 상황에 맞게 활용해 볼 수 있도록 하였다.

대화문
주제와 관련된 대화를 들어본 후 내용 이해 문제 풀이, 발음과 억양 연습, 사회문화적 정보 확인을 순서대로 해 볼 수 있도록 구성하였다. 대화문 학습이 마무리된 후에는 대화문의 내용을 확장하여 상호문화적 관점에서 이야기해 볼 수 있는 화제를 제시하였다.

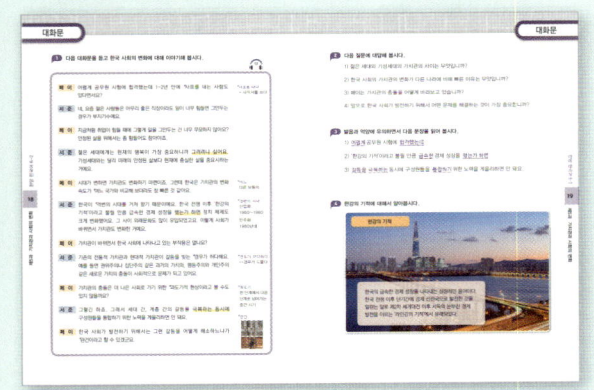

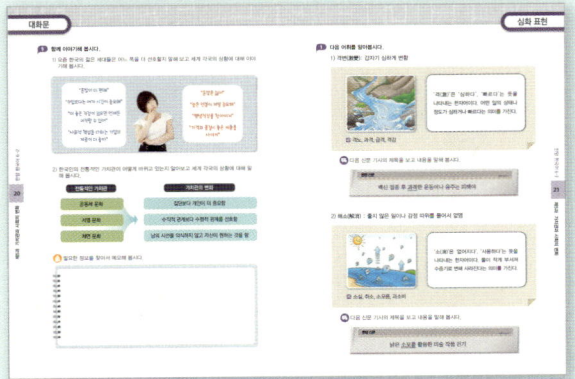

심화 표현
대화문에 포함된 한자어 중에서 사용 빈도가 높은 한자어를 선정하고 그 의미를 삽화와 함께 제시하였다. 해당 한자어가 포함된 어휘들을 추가로 제시함으로써 고급 수준에서 필요한 어휘 학습을 효율적으로 할 수 있도록 하였고 신문 기사 형태의 예시를 제시하여 학습자의 흥미와 자료의 실제성을 고려하였다. 또한 한국어 어휘의 형성 원리를 제시하여 학습자의 어휘력 향상을 꾀하였다.

2일차

문법과 표현

단원의 주제와 관련된 의사소통 기능을 구현하는 데 적합한 문법과 표현을 선정하여 제시하였다. 담화 예시 및 삽화, 의미와 용법, 문장 구성 정보, 예문 등 활용에 필요한 정보를 상세히 제시하고 통제된 연습에 이어 유의미한 연습을 해 볼 수 있도록 구성하였다.

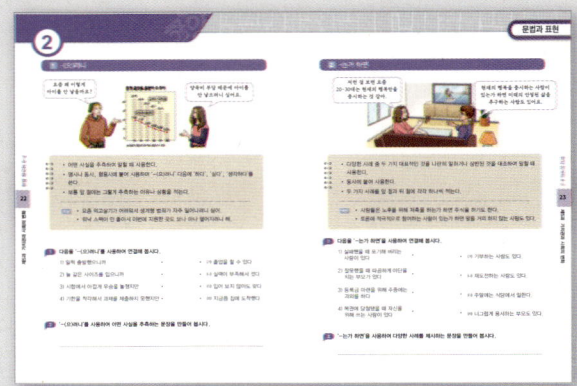

심화 표현

단원의 주제와 관련된 한자성어를 선정하고 그 의미를 삽화와 함께 제시하였다. 예문을 통해 문장 구성 방식을 이해할 수 있도록 하였고 신문 기사 형태의 예시를 추가 제시하여 학습자의 흥미와 자료의 실제성을 고려하였다.

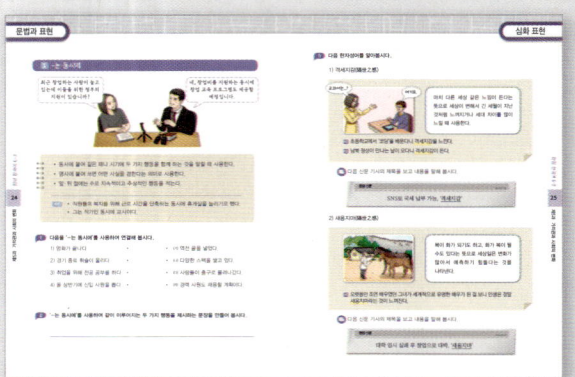

듣고 말하기

듣기 활동에서는 단원의 주제와 관련된 대화, 뉴스, 인터뷰, 대담, 다큐멘터리 등의 구어 담화를 제시하고 과정 중심의 학습을 할 수 있도록 하였다. 지문에 포함된 표현들을 '참고하기'에 제시하여 학습자 수준에 따라 적절히 활용할 수 있도록 하였다. 말하기 활동에서는 지문의 내용과 관련된 다양한 정보들을 습득할 수 있도록 하였고 이를 토대로 상호문화적 관점에서 관련 내용에 대해 이야기해 볼 수 있도록 하였다.

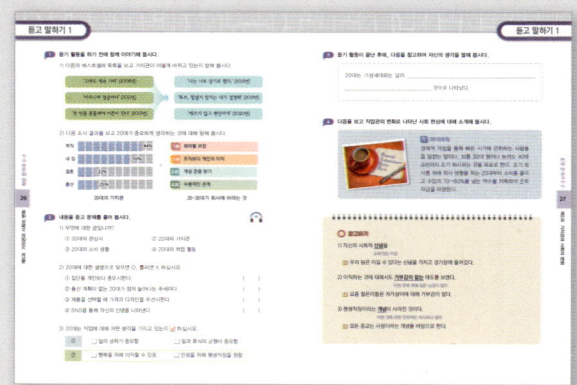

3일차

읽고 쓰기

읽기 활동에서는 단원의 주제와 관련된 설명문, 논설문, 기행문, 문학(시조, 소설), 기고문, 칼럼 등 유형별 텍스트를 제시하고 과정 중심의 학습을 할 수 있도록 하였다. 텍스트에 포함된 표현들을 '참고하기'에 제시하여 학습자 수준에 따라 적절히 활용할 수 있도록 하였다. 쓰기 활동에서는 다양한 유형의 텍스트 구조와 함께 유용한 표현들을 예시하여 글쓰기에 필요한 기초 지식을 쌓을 수 있도록 하였다. 또한 글쓰기의 절차를 제시하여 과정 중심의 글쓰기 수업 혹은 자가 학습이 가능하도록 하였다.

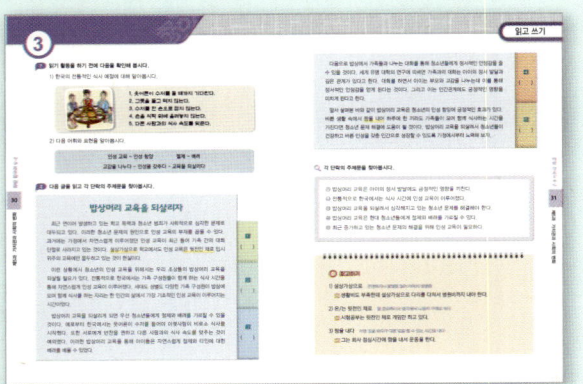

주제 토론

단원의 주제와 관련하여 논쟁이 가능한 문제를 선정하여 토론해 볼 수 있도록 하였다. 구체적인 뉴스 자료를 제시함으로써 학습자의 흥미와 실제성을 고려하였으며 상반되는 주장을 선택한 후 그 근거를 찾아보는 활동을 순차적으로 편성하고 토론에 필요한 표현들을 제시함으로써 체계적으로 토론할 수 있도록 하였다.

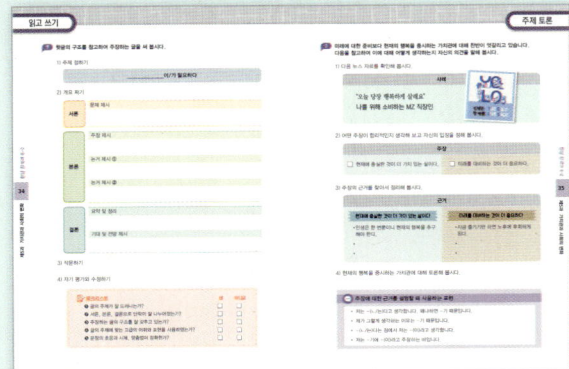

4일차

학술적 말하기

발표 내용을 구성하고, 발표에 필요한 PPT 자료를 제작하며, 일정한 절차에 따라 발표하는 데 필요한 기초 지식을 쌓고 이를 바탕으로 주제별 발표 활동을 해 볼 수 있도록 하였다. 각 단원마다 단원의 주제와 관련된 예시 발표문과 표현을 제시하여 배운 지식을 활용하는 데 용이하도록 하였다.

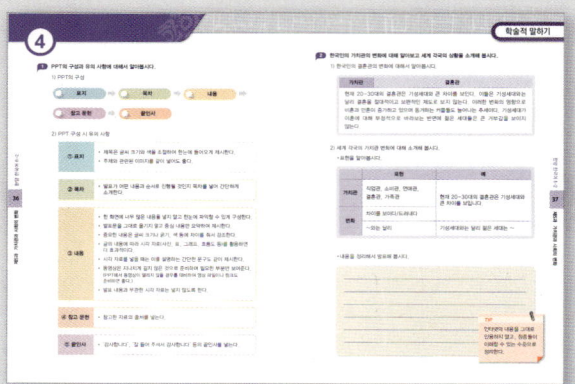

학술적 글쓰기

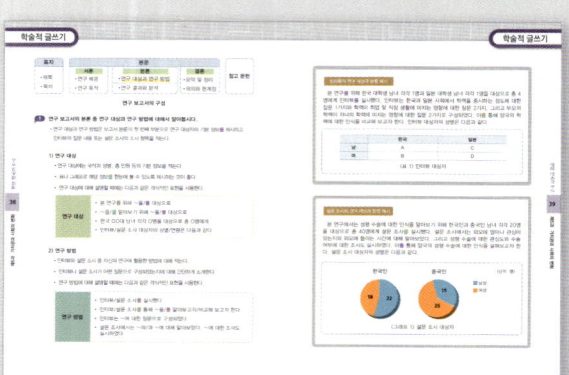

연구 보고서 작성에 필요한 기초 지식을 쌓고 이를 바탕으로 한 학기 동안 특정 주제를 정하여 연구 보고서를 작성해 보는 활동으로 구성하였다. 이를 통해 체계적이고 논리적으로 글을 쓰는 방법을 익혀 격식을 갖춘 학술적인 글을 쓸 수 있도록 하였다.

차례

발간사 / 3
일러두기 / 4
교재 구성표 / 10
등장인물 소개 / 12

01 서울의 역사

02 한국의 문화유산

03 자연과 환경

04 한국의 민속

05 가치관과 사회의 변화 · 14

06 함께 사는 사회 · 40

07 세계 경제와 무역 · 66

08 한반도의 정세 · 92

출현 어휘 목록 / 120
듣기 지문 / 128
듣기 답안 / 132
어휘 색인 / 134
문법 색인 / 139

교재 구성표

단원	제목	1			2	
		문화	어휘와 표현	대화문	문법과 표현	듣고 말하기
1과	서울의 역사	서울의 과거와 현재	① 도시의 특징 ② 유(遺), 혼종어 ③ 상전벽해, 함흥차사	서울의 역사와 복원	① -(으)로 미루어 (보아/보면) ② -(으)ㄹ 대로 ③ -(으)면서까지	① 서울 역사 탐방 걷기 코스 ② 커피와 정관헌
2과	한국의 문화유산	유네스코 세계문화유산	① 유적지 답사 ② 등(登), 접미사 '-이' ③ 명불허전, 화룡점정	한국의 세계문화유산	① -(으)려야 -(으)ㄹ 수가 없다 ② -기도 하려니와 ③ -(으)ㄴ 바에야	① 강화도 답사 ② 만화 조선왕조실록
3과	자연과 환경	자연환경과 환경 문제	① 지구 온난화의 원인과 영향 ② 가(加), -시 ③ 천재지변, 결자해지	지구 온난화 문제	① -(으)ㄴ들 ② -기로서니 ③ -자니 -자니	① 대체 에너지 ② 생수 산업의 문제
4과	한국의 민속	한국의 민간 신앙	① 사라져가는 미풍양속 ② 대(臺), 흉(凶) ③ 가화만사성, 인과응보	한국의 가택신과 풍속	① -(이)라면 ② -(으)련만 ③ -아/어서야	① 세찬의 의미 ② 봄맞이 풍속, 삼짇날
5과	가치관과 사회의 변화	저출산과 고령화 사회	① 가치관과 사회 변화 ② 격(激), 소(消) ③ 격세지감, 새옹지마	한국 사회의 변화	① -(으)려니 ② -는가 하면 ③ -는 동시에	① 20대의 가치관 ② 1인 가구의 증가
6과	함께 사는 사회	나눔과 봉사 활동의 유형과 현황	① 나눔과 봉사 활동 ② 공(公), -거리다 ③ 십시일반, 측은지심	다양한 기부 활동	① -(으)ㄴ 끝에 ② -(으)ㄹ 판이다 ③ -고도 남다	① SNS를 통한 기부 활동 ② 노숙인의 자활을 돕는 잡지
7과	세계 경제와 무역	세계 경제 동향과 무역 상품	① 국제기구와 무역 협정 ② 진(進), 접두사 '맞-' ③ 속수무책, 괄목상대	국제 무역	① -(으)면 모를까 ② -기(가) 일쑤(이)다 ③ -(ㄴ/는)다면야	① 나비효과 ② 식량 자급의 중요성
8과	한반도의 정세	남북한의 분단 체제	① 남북통일의 필요성 ② 당(當), -히 ③ 동족상잔, 오매불망	남북통일의 전망과 과제	① -(ㄴ/는)다 뿐이지 ② -는 한이 있더라도 ③ -되	① 이산가족 문제 ② 대체복무제

단원	제목	3		4	
		읽고 쓰기	주제 토론	학술적 말하기	학술적 글쓰기
1과	서울의 역사	① 서울, 지명의 유래 ② 설명하는 글 쓰기	경제 개발과 유적지 보존	발표 1 • 발표의 특징과 절차 • 주제 발표: 도시의 휘장	연구 보고서 작성 1 • 연구 보고서 작성의 단계
2과	한국의 문화유산	① 수원화성을 다녀와서 ② 기행문 쓰기	국외로 반출된 문화재 반환	발표 2 • 발표문 작성 1 • 주제 발표: 유네스코 세계문화유산	연구 보고서 작성 2 • 연구 계획서 및 개요 작성
3과	자연과 환경	① 월드컵 생태공원을 가다 ② 탐방 기사 쓰기	환경 규제와 경제 개발	발표 3 • 발표문 작성 2 • 주제 발표: 환경 정책	연구 보고서 작성 3 • 연구 방법
4과	한국의 민속	① 한국의 정형시, 시조 ② 시조 짓기	풍습의 원형 보전과 변화	발표 4 • 언어적 요소와 비언어적 요소 • 주제 발표: 민간 신앙의 상징물	연구 보고서 작성 4 • 목차 및 서론 쓰기
5과	가치관과 사회의 변화	① 밥상머리 교육을 되살리자 ② 논설문 쓰기	현재에 충실한 삶과 미래를 준비하는 삶	발표 5 • PPT 제작 1 • 주제 발표: 가치관의 변화	연구 보고서 작성 5 • 연구 대상과 연구 방법 쓰기
6과	함께 사는 사회	① 나눔 문화의 확산이 절실하다 ② 기고문 쓰기	기업의 사회 공헌 활동, 의무인가?	발표 6 • PPT 제작 2 • 주제 발표: 봉사 활동 경험	연구 보고서 작성 6 • 연구 결과 쓰기
7과	세계 경제와 무역	① 공정 무역 커피가 성공하려면 ② 칼럼 쓰기	자유 무역과 보호 무역	발표 7 • PPT 제작 3 • 주제 발표: 경제 기사	연구 보고서 작성 7 • 결론 쓰기
8과	한반도의 정세	① 하근찬, '수난이대' ② 문학 비평문 쓰기	남북통일, 적극론과 신중론	발표 8 • 발표의 평가 항목 • 주제 발표: 대북 인식	연구 보고서 작성 8 • 참고 문헌, 검토 및 자가 평가

등장인물 소개

조민수
국적: 한국
성별: 여
직업: 한국어 선생님
인물 관계: 다니엘, 왕페이, 로안, 사토, 진소명의 선생님

김지우
국적: 한국
성별: 여
직업: 회사원
인물 관계: 이서준과 대학 동기, 사토와 회사 동료

이서준
국적: 한국
성별: 남
직업: 대학생
인물 관계: 김지우와 대학 동기, 다니엘과 동아리 친구

다니엘
국적: 독일
성별: 남
직업: 교환 학생, 어학연수생
인물 관계: 이서준과 동아리 친구, 왕페이, 로안, 사토, 진소명과 같은 반 친구

5 가치관과 사회의 변화

학습 목표

사회 변화에 대해 이해하고
가치관의 변화에 대해 설명할 수 있다.

학습 내용

1
도입 | 저출산과 고령화 사회
어휘와 표현 | 가치관과 사회 변화
대화문 | 한국 사회의 변화

2
문법과 표현 | ① -(으)려니
　　　　　　② -는가 하면
　　　　　　③ -는 동시에
듣고 말하기 | ① 20대의 가치관
　　　　　　② 1인 가구의 증가

3
읽고 쓰기 | 밥상머리 교육을 되살리자
주제 토론 | 현재에 충실한 삶과 미래를 준비하는 삶

4
학술적 말하기 | PPT 제작 1
학술적 글쓰기 | 연구 대상과 연구 방법 쓰기

MP3
Streaming

1

1 아래 그래프를 보고 저출산, 고령화 문제에 대해 알아봅시다.

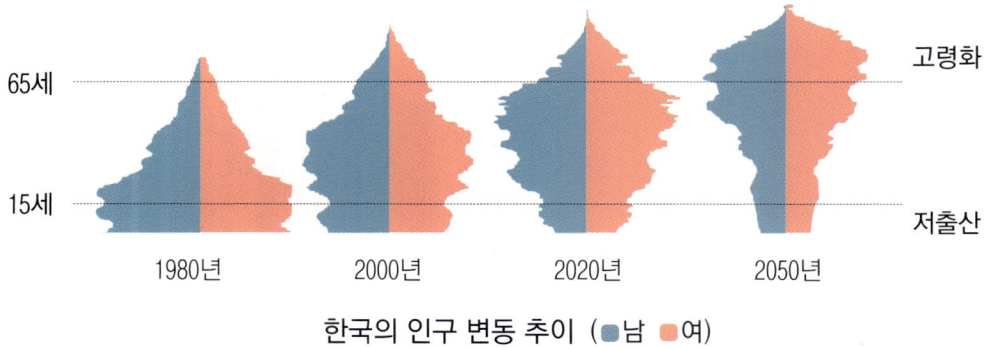

한국의 인구 변동 추이 (■남 ■여)

💬 세계 각국의 인구 변동 추이를 소개해 봅시다.

2 저출산의 원인에 대해 알아봅시다.

💬 저출산 문제를 해결할 수 있는 방안에 대해 이야기해 봅시다.

어휘와 표현

1 다음 표현을 사용해서 세계 각국의 사회 변화에 대해 이야기해 봅시다.

사회 변화			

	급속한 경제 성장	외래문화의 유입	정치 체제의 변화

가치관 변화	과거	현재
	• 집단주의	• 개인주의
	• 권위주의	• 평등주의

 한국은 한국 전쟁 이후 **급속한 경제 성장**을 한 데다가 **외래문화의 유입**과 **정치 체제의 변화**를 겪으며 빠른 속도로 변화하고 있다. 사회가 변화하면서 가치관 역시 변화되고 있는데 **집단주의**에서 **개인주의**로, **권의주의**에서 **평등주의**로 바뀌고 있다.

2 다음 표현을 사용하여 상황에 맞게 이야기해 봅시다.

표현	상황
• 사표를 내다 • 이직을 하다	가: 오늘도 야근을 해서 힘들어 죽겠어. 나: _____.
• 부지기수이다 • 한둘이 아니다	가: 요즘 비혼을 선언하는 사람들이 많더라고요. 나: _____.
• 갈등을 빚다 • 갈등을 해소하다	가: 두 사람은 가치관이 정말 다르네요. 나: _____.
• -느냐가 관건이다 • -느냐에 달려 있다	가: 세대 간의 갈등을 어떻게 극복할 수 있을까요? 나: _____.

대화문

1 다음 대화문을 듣고 한국 사회의 변화에 대해 이야기해 봅시다.

페이: 어렵게 공무원 시험에 합격했는데 1-2년 만에 *사표를 내는 사람도 있다면서요?

*사표를 내다
= 사직서를 쓰다

서준: 네, 요즘 젊은 사람들은 아무리 좋은 직장이라도 일이 너무 힘들면 그만두는 경우가 부지기수예요.

페이: 지금처럼 취업이 힘들 때에 그렇게 일을 그만두는 건 너무 무모하지 않아요? 안정된 삶을 위해서는 좀 힘들어도 참아야죠.

서준: 젊은 세대에게는 현재의 행복이 가장 중요하니까 그러려니 싶어요. 기성세대와는 달리 미래의 안정된 삶보다 현재에 충실한 삶을 중요시하는 거예요.

페이: 시대가 변하면 가치관도 변화하기 마련이죠. 그런데 한국은 가치관의 변화 속도가 *여느 국가와 비교해 보더라도 참 빠른 것 같아요.

*여느
다른 보통의

서준: 한국이 *격변의 시대를 거쳐 왔기 때문이에요. 한국 전쟁 이후 '한강의 기적'이라고 불릴 만큼 급속한 경제 성장을 했는가 하면 정치 체제도 크게 변화했어요. 그 사이 외래문화도 많이 유입되었고요. 이렇게 사회가 바뀌면서 가치관도 변화한 거예요.

*격변의 시대
산업화:
1960~1980
민주화:
1980년대

페이: 가치관이 바뀌면서 한국 사회에 나타나고 있는 부작용은 없나요?

서준: 기존의 전통적 가치관과 현대적 가치관이 갈등을 빚는 *경우가 허다해요. 예를 들면 권위주의나 집단주의 같은 과거의 가치와, 평등주의와 개인주의 같은 새로운 가치의 충돌이 사회적으로 문제가 되고 있어요.

*경우가 허다하다
↔경우가 드물다

페이: 가치관의 충돌은 더 나은 사회로 가기 위한 *과도기적 현상이라고 볼 수도 있지 않을까요?

*과도기
한 단계에서 다음 단계로 넘어가는 중간 시기

서준: 그렇긴 하죠. 그래서 세대 간, 계층 간의 갈등을 극복하는 동시에 구성원들을 통합하기 위한 노력을 게을리하면 안 돼요.

*관건

페이: 한국 사회가 발전하기 위해서는 그런 갈등을 어떻게 해소하느냐가 *관건이라고 할 수 있겠군요.

대화문

2 다음 질문에 대답해 봅시다.

1) 젊은 세대와 기성세대의 가치관의 차이는 무엇입니까?

2) 한국 사회의 가치관의 변화가 다른 나라에 비해 빠른 이유는 무엇입니까?

3) 페이는 가치관의 충돌을 어떻게 바라보고 있습니까?

4) 앞으로 한국 사회가 발전하기 위해서 어떤 문제를 해결하는 것이 가장 중요합니까?

3 발음과 억양에 유의하면서 다음 문장을 읽어 봅시다.

1) <u>어렵게</u> 공무원 시험에 <u>합격했는데</u>

2) '한강의 기적'이라고 불릴 만큼 <u>급속한</u> 경제 성장을 <u>했는가 하면</u>

3) <u>갈등을 극복하는</u> 동시에 구성원들을 <u>통합하기</u> 위한 노력을 게을리하면 안 돼요.

4 한강의 기적에 대해서 알아봅시다.

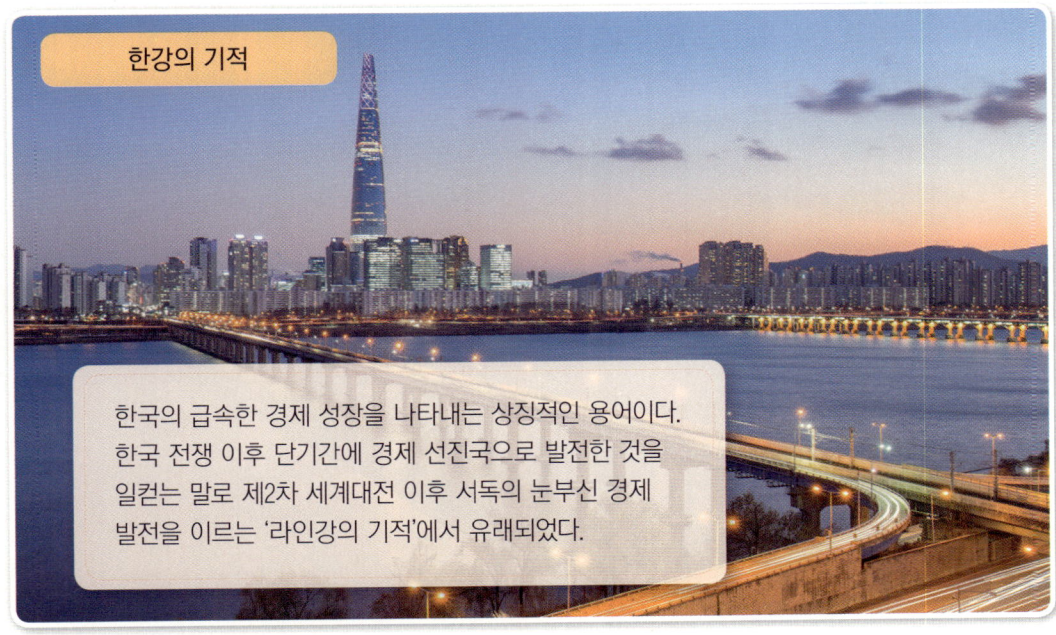

한강의 기적

한국의 급속한 경제 성장을 나타내는 상징적인 용어이다. 한국 전쟁 이후 단기간에 경제 선진국으로 발전한 것을 일컫는 말로 제2차 세계대전 이후 서독의 눈부신 경제 발전을 이르는 '라인강의 기적'에서 유래되었다.

대화문

5 함께 이야기해 봅시다.

1) 요즘 한국의 젊은 세대들은 어느 쪽을 더 선호할지 말해 보고 세계 각국의 상황에 대해 이야기해 봅시다.

2) 한국인의 전통적인 가치관이 어떻게 바뀌고 있는지 알아보고 세계 각국의 상황에 대해 말해 봅시다.

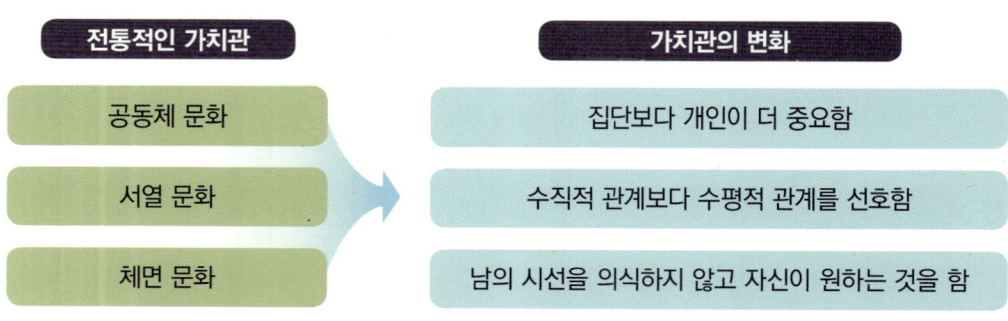

🔔 필요한 정보를 찾아서 메모해 봅시다.

심화 표현

1 다음 어휘를 알아봅시다.

1) 격변(激變): 갑자기 심하게 변함

'격(激)'은 '심하다', '빠르다'는 뜻을 나타내는 한자어이다. 어떤 일의 상태나 정도가 심하거나 빠르다는 의미를 가진다.

예) 격노, 과격, 급격, 격감

다음 신문 기사의 제목을 보고 내용을 말해 봅시다.

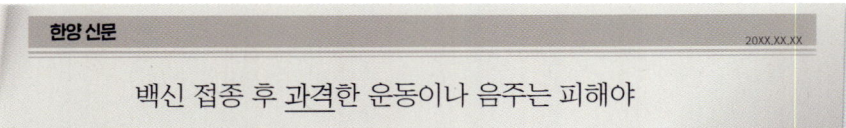

백신 접종 후 과격한 운동이나 음주는 피해야

2) 해소(解消) : 좋지 않은 일이나 감정 따위를 풀어서 없앰

'소(消)'은 '없어지다', '사용하다'는 뜻을 나타내는 한자어이다. 물이 작게 부서져 수증기로 변해 사라진다는 의미를 가진다.

예) 소실, 취소, 소모품, 과소비

다음 신문 기사의 제목을 보고 내용을 말해 봅시다.

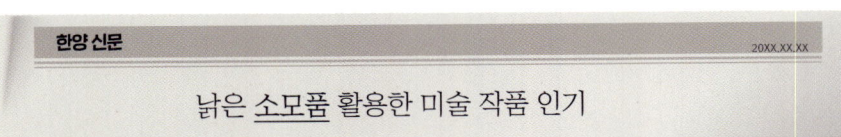

낡은 소모품 활용한 미술 작품 인기

2

1 -(으)려니

요즘 왜 이렇게 아이를 안 낳을까요?

양육비 부담 때문에 아이를 안 낳으려니 싶어요.

- 어떤 사실을 추측하여 말할 때 사용한다.
- 명사나 동사, 형용사에 붙여 사용하며 '-(으)려니' 다음에 '하다', '싶다', '생각하다'를 쓴다.
- 보통 앞 절에는 그렇게 추측하는 이유나 상황을 적는다.

예문
- 요즘 먹고살기가 어려워서 생계형 범죄가 자주 일어나려니 싶어.
- 워낙 스펙이 안 좋아서 이번에 지원한 곳도 보나 마나 떨어지려니 해.

1 다음을 '-(으)려니'를 사용하여 연결해 봅시다.

1) 일찍 출발했으니까 • • ㈎ 졸업을 할 수 있다

2) 늘 같은 사이즈를 입으니까 • • ㈏ 실력이 부족해서 졌다

3) 시합에서 아깝게 우승을 놓쳤지만 • • ㈐ 입어 보지 않아도 맞다

4) 기한을 착각해서 과제를 제출하지 못했지만 • • ㈑ 지금쯤 집에 도착했다

2 '-(으)려니'를 사용하여 어떤 사실을 추측하는 문장을 만들어 봅시다.

문법과 표현

2 -는가 하면

- 다양한 사례 중 두 가지 대표적인 것을 나란히 말하거나 상반된 것을 대조하여 말할 때 사용한다.
- 동사에 붙여 사용한다.
- 두 가지 사례를 앞 절과 뒤 절에 각각 하나씩 적는다.

예문
- 사람들은 노후를 위해 저축을 하는가 하면 주식을 하기도 한다.
- 토론에 적극적으로 참여하는 사람이 있는가 하면 말을 거의 하지 않는 사람도 있다.

1 다음을 '-는가 하면'을 사용하여 연결해 봅시다.

1) 실패했을 때 포기해 버리는 사람이 있다 · · ㈎ 기부하는 사람도 있다.

2) 잘못했을 때 따끔하게 야단을 치는 부모가 있다 · · ㈏ 재도전하는 사람도 있다.

3) 등록금 마련을 위해 주중에는 과외를 하다 · · ㈐ 주말에는 식당에서 일한다.

4) 복권에 당첨됐을 때 자신을 위해 쓰는 사람이 있다 · · ㈑ 너그럽게 용서하는 부모도 있다.

2 '-는가 하면'을 사용하여 다양한 사례를 제시하는 문장을 만들어 봅시다.

문법과 표현

3 -는 동시에

- 동사에 붙여 같은 때나 시기에 두 가지 행동을 함께 하는 것을 말할 때 사용한다.
- 명사에 붙여 쓰면 어떤 신분이나 자격을 겸한다는 의미로 사용한다.
- 앞·뒤 절에는 주로 지속적이고 추상적인 행동을 적는다.

예문
- 직원들의 복지를 위해 근로 시간을 단축하는 동시에 휴게실을 늘리기로 했다.
- 그는 작가인 동시에 교사이다.

1 다음을 '-는 동시에'를 사용하여 연결해 봅시다.

1) 영화가 끝나다 · · ㈎ 역전 골을 넣었다.
2) 경기 종료 휘슬이 울리다 · · ㈏ 다양한 스펙을 쌓고 있다.
3) 취업을 위해 전공 공부를 하다 · · ㈐ 사람들이 출구로 몰려나갔다.
4) 올 상반기에 신입 사원을 뽑다 · · ㈑ 경력 사원도 채용할 계획이다.

2 '-는 동시에'를 사용하여 같이 이루어지는 두 가지 행동을 제시하는 문장을 만들어 봅시다.

심화 표현

1 다음 한자성어를 알아봅시다.

1) 격세지감(隔世之感)

마치 다른 세상 같은 느낌이 든다는 뜻으로 세상이 변해서 긴 세월이 지난 것처럼 느껴지거나 세대 차이를 많이 느낄 때 사용한다.

예) 초등학교에서 '코딩'을 배우다니 격세지감을 느낀다.
예) 남북 정상이 만나는 날이 오다니 격세지감이 든다.

다음 신문 기사의 제목을 보고 내용을 말해 봅시다.

한양 신문   20XX.XX.XX
SNS로 국세 납부 가능, '격세지감'

2) 새옹지마(隔世之感)

복이 화가 되기도 하고, 화가 복이 될 수도 있다는 뜻으로 세상일은 변화가 많아서 예측하기 힘들다는 것을 나타낸다.

예) 오랫동안 조연 배우였던 그녀가 세계적으로 유명한 배우가 된 걸 보니 인생은 정말 새옹지마라는 것이 느껴진다.

다음 신문 기사의 제목을 보고 내용을 말해 봅시다.

한양 신문   20XX.XX.XX
대학 입시 실패 후 창업으로 대박, '새옹지마'

듣고 말하기 1

1 듣기 활동을 하기 전에 함께 이야기해 봅시다.

1) 다음의 베스트셀러 목록을 보고 가치관이 어떻게 바뀌고 있는지 말해 봅시다.

- '그래도 계속 가라' (2008년)
- '아프니까 청춘이다' (2011년)
- '천 번을 흔들려야 어른이 된다' (2012년)

→

- '나는 나로 살기로 했다.' (2019년)
- '튜브, 힘낼지 말지는 내가 결정해' (2019년)
- '애쓰지 않고 편안하게' (2020년)

2) 다음 조사 결과를 보고 20대가 중요하게 생각하는 것에 대해 말해 봅시다.

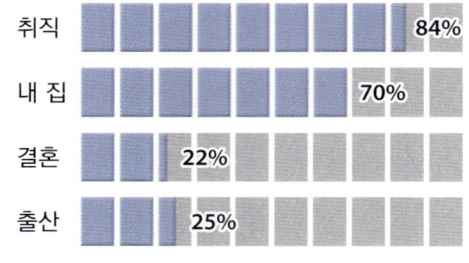

20대의 가치관
- 취직 84%
- 내 집 70%
- 결혼 22%
- 출산 25%

20-30대가 회사에 바라는 것
- 1위 워라밸 보장
- 2위 조직보다 개인의 이익
- 3위 개성 존중 받기
- 4위 수평적인 관계

2 내용을 듣고 문제를 풀어 봅시다. 🎧 14

1) 무엇에 대한 글입니까?

① 20대의 관심사　　② 20대의 가치관
③ 20대의 소비 생활　　④ 20대의 취업 활동

2) 20대에 대한 설명으로 맞으면 O, 틀리면 X 하십시오.

① 집단을 개인보다 중요시한다. (　)
② 출산 계획이 없는 20대가 점차 늘어나는 추세이다. (　)
③ 제품을 선택할 때 가격과 디자인을 우선시한다. (　)
④ SNS를 통해 자신의 신념을 나타낸다. (　)

3) 20대는 직업에 대해 어떤 생각을 가지고 있는지 ✅ 하십시오.

① ☐ 일의 성취가 중요함　　☐ 일과 휴식의 균형이 중요함
② ☐ 행복을 위해 이직할 수 있음　　☐ 안정을 위해 평생직장을 원함

듣고 말하기 1

3 듣기 활동이 끝난 후에, 다음을 참고하여 자신의 생각을 말해 봅시다.

> 20대는 기성세대와는 달리 _____
> _____ 것으로 나타났다.

4 다음을 보고 직업관의 변화로 나타난 사회 현상에 대해 소개해 봅시다.

🔍 **파이어족**
경제적 자립을 통해 빠른 시기에 은퇴하는 사람들을 일컫는 말이다. 보통 30대 말이나 늦어도 40대 초반까지 조기 퇴사하는 것을 목표로 한다. 조기 퇴사를 위해 회사 생활을 하는 20대부터 소비를 줄이고 수입의 70~80%가 넘는 액수를 저축하여 은퇴 자금을 마련한다.

ⓘ 참고하기

1) 자신의 사회적 **신념**을
    굳게 믿는 마음
    📝 우리 팀은 이길 수 있다는 신념을 가지고 경기장에 들어갔다.

2) 이직하는 것에 대해서도 **거부감이 없는** 태도를 보였다.
    어떤 것에 대해 싫은 느낌이 없다
    📝 요즘 젊은이들은 처가살이에 대해 거부감이 없다.

3) 평생직장이라는 **개념**이 사라진 것이다.
    어떤 것에 대한 일반적인 지식이나 생각
    📝 모든 종교는 사랑이라는 개념을 바탕으로 한다.

듣고 말하기 2

1 듣기 활동을 하기 전에 함께 이야기해 봅시다.

1) 다음을 보고 1인 가구 비율의 변화와 그 원인에 대해 이야기해 봅시다.

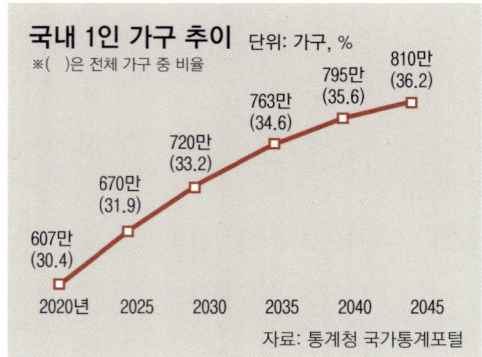

2) 다음은 1인 가구의 대표적인 불안 요소입니다. 이를 보고 1인 가구를 위해 필요한 정책에 대해 이야기해 봅시다.

| 주거 | 질병 | 외로움 | 빈곤 | 안전 |

2 내용을 듣고 문제를 풀어 봅시다.

1) 들은 내용과 맞으면 O, 틀리면 X 하십시오.
   ① 결혼을 꼭 해야 한다고 생각하는 사람이 감소했다. (　　)
   ② 자아실현을 위해 독신을 선택하는 여성들이 증가하고 있다. (　　)
   ③ 1인 가구 증가에 따라 이들을 위한 정책이 나오고 있다. (　　)
   ④ 1인 가구를 위한 정책은 안전과 관련된 정책만 마련되었다. (　　)

2) 1인 가구를 위한 정책으로 언급되지 않은 것을 고르십시오.
   ① 현관에 카메라를 설치해 준다.
   ② 의료 기관 방문 시 함께 가 준다.
   ③ 주거 문제 해결을 위한 지원금을 지급한다.
   ④ 외로움을 달랠 수 있는 프로그램을 마련한다.

3) 여자는 복지 정책이 어떻게 바뀌어야 한다고 봅니까?

   가족 중심의 복지 정책 ⇨ _____

듣고 말하기 2

3 듣기 활동이 끝난 후에, 다음을 참고하여 자신의 생각을 말해 봅시다.

> 1인 가구가 증가하는 원인은 _____
> _____기 때문이다.

4 다음을 보고 세계 각국의 가족 복지 정책에 대해 소개해 봅시다.

🔍 **서울 1인 가구 포털**
서울시의 1인 가구를 위한 지원 정책과 참여 프로그램을 모아 놓은 포털 사이트이다. 주거 지원, 심리 상담, 관련된 기관에 대한 정보까지 편하게 찾아볼 수 있다.

🔍 **심리 상담 프로그램**
각 자치구마다 자기 돌봄 및 심리 상담을 위한 프로그램을 준비하고 있다. 미술 치료, 개인 상담 및 집단 상담 등의 프로그램으로 진행되며 1인 가구의 심리적인 어려움을 해결할 수 있도록 돕는다.

ℹ️ 참고하기

1) **불안감을 느낀다는 점에 착안해서**
   　　　　　어떤 것에서 아이디어를 얻다
   예) 아침을 안 먹고 오는 학생들이 많다는 점에 착안해서 토스트 가게를 열기로 했다.

2) **경력 단절을 우려해서**
   출산이나 육아 등의 이유로 직장을 그만두는 것
   예) 서울시는 경력 단절 여성을 위한 직업 교육 프로그램을 운영 중이다.

3) 병원에 오갈 때 **동행해** 주는 서비스
   　　　　　　함께 길을 가다
   예) 이번 여행은 가이드가 동행해서 편하게 다녀왔다.

3

> **1** 읽기 활동을 하기 전에 다음을 확인해 봅시다.

1) 한국의 전통적인 식사 예절에 대해 알아봅시다.

1. 웃어른이 수저를 들 때까지 기다린다.
2. 그릇을 들고 먹지 않는다.
3. 수저를 한 손으로 잡지 않는다.
4. 손을 식탁 위에 올려놓지 않는다.
5. 다른 사람과의 식사 속도를 맞춘다.

2) 다음 어휘와 표현을 알아봅시다.

인성 교육 – 인성 함양   절제 – 배려

교감을 나누다 – 인성을 갖추다 – 교육을 되살리다

> **2** 다음 글을 읽고 각 단락의 주제문을 찾아봅시다.

밥상머리 교육을 되살리자

최근 연이어 발생하고 있는 학교 폭력과 청소년 범죄가 사회적으로 심각한 문제로 대두되고 있다. 이러한 청소년 문제의 원인으로 인성 교육의 부재를 꼽을 수 있다. 과거에는 가정에서 자연스럽게 이루어졌던 인성 교육이 최근 들어 가족 간의 대화 단절로 사라지고 있는 것이다. 설상가상으로 학교에서도 인성 교육은 뒷전인 채로 입시 위주의 교육에만 몰두하고 있는 것이 현실이다.

1 (   )

이런 상황에서 청소년의 인성 교육을 위해서는 우리 조상들의 밥상머리 교육을 되살릴 필요가 있다. 전통적으로 한국에서는 가족 구성원들이 함께 하는 식사 시간을 통해 자연스럽게 인성 교육이 이루어졌다. 세대도 성별도 다양한 가족 구성원이 밥상에 모여 함께 식사를 하는 자리는 한 인간의 삶에서 가장 기초적인 인성 교육이 이루어지는 시간이었다.

2 (   )

밥상머리 교육을 되살리게 되면 우선 청소년들에게 절제와 배려를 가르칠 수 있을 것이다. 예로부터 한국에서는 웃어른이 수저를 들어야 아랫사람이 비로소 식사를 시작했다. 또한 서로에게 반찬을 권하고 다른 사람과의 식사 속도를 맞추는 것이 예의였다. 이러한 밥상머리 교육을 통해 아이들은 자연스럽게 절제와 타인에 대한 배려를 배울 수 있었다.

3 (   )

다음으로 밥상에서 가족들과 나누는 대화를 통해 청소년들에게 정서적인 안정감을 줄 수 있을 것이다. 세계 유명 대학의 연구에 따르면 가족과의 대화는 아이의 정서 발달과 깊은 관계가 있다고 한다. 대화를 하면서 아이는 부모와 교감을 나누는데 이를 통해 정서적인 안정감을 얻게 된다는 것이다. 그리고 이는 인간관계에도 긍정적인 영향을 미치게 된다고 한다.

4 (　　)

　　앞서 살펴본 바와 같이 밥상머리 교육은 청소년의 인성 함양에 긍정적인 효과가 있다. 바쁜 생활 속에서 짬을 내어 하루에 한 끼라도 가족들이 모여 함께 식사하는 시간을 가진다면 청소년 문제 해결에 도움이 될 것이다. 밥상머리 교육을 되살려서 청소년들이 건강하고 바른 인성을 갖춘 인간으로 성장할 수 있도록 가정에서부터 노력해 보자.

5 (　　)

🔍 각 단락의 주제문을 찾아봅시다.

㉮ 밥상머리 교육은 아이의 정서 발달에도 긍정적인 영향을 끼친다.
㉯ 전통적으로 한국에서는 식사 시간에 인성 교육이 이루어졌다.
㉰ 밥상머리 교육을 되살려서 심각해지고 있는 청소년 문제를 해결해야 한다.
㉱ 밥상머리 교육은 현대 청소년들에게 절제와 배려를 가르칠 수 있다.
㉲ 최근 증가하고 있는 청소년 문제의 해결을 위해 인성 교육이 필요하다.

ⓘ 참고하기

1) 설상가상으로   곤란하거나 불행한 일이 이어서 발생함
   예 생활비도 부족한데 설상가상으로 다리를 다쳐서 병원비까지 내야 한다.

2) 은/는 뒷전인 채로   덜 중요하다고 생각해서 나중의 차례로 하다
   예 시험공부는 뒷전인 채로 게임만 하고 있다.

3) 짬을 내다   어떤 일을 하다가 다른 일을 할 수 있는 시간을 내다
   예 그는 회사 점심시간에 짬을 내서 운동을 한다.

읽고 쓰기

3 다음 질문에 답해 봅시다.

1) 최근 인성 교육의 필요성이 거론되고 있는 이유는 무엇입니까?

2) 밥상머리 교육이 무엇인지 설명해 봅시다.

3) 밥상머리 교육을 통해 가르칠 수 있는 것은 무엇입니까?

4) 밥상머리 교육이 인간관계에 도움이 되는 이유를 설명해 봅시다.

4 다음 표현으로 주제문을 연결하여 글을 요약해 봅시다.

	원래 그리고 따라서 이러한
요약하기	

5 인성 교육을 할 수 있는 방법에 대해 알아봅시다.

🔍 **태권도를 통한 인성 교육**

태권도는 타인을 공격하기 위한 무술이 아니라 자신을 방어하기 위한 무술이기 때문에 평화와 예의를 중시한다. 절제와 배려를 배울 수 있으며 사회성을 기르는 데에도 좋다.

6 윗글의 구조를 알아봅시다.

서론	문제 제시
	• 최근 학교 폭력과 청소년 범죄가 사회적으로 심각한 문제로 대두되고 있다. • 이러한 청소년 문제의 원인으로 인성 교육의 부재를 꼽을 수 있다.

본론	주장 제시
	• 이런 상황에서 청소년의 인성 교육을 위해 밥상머리 교육을 되살릴 필요가 있다.
	논거 제시 ①
	• 밥상머리 교육을 되살리게 되면 우선 청소년들에게 절제와 배려를 가르칠 수 있을 것이다. • 이러한 밥상머리 교육을 통해 아이들은 자연스럽게 절제와 타인에 대한 배려를 배울 수 있었다.
	논거 제시 ②
	• 다음으로 밥상에서 가족들과 나누는 대화를 통해 청소년들에게 정서적인 안정감을 줄 수 있을 것이다. • 대화를 하면서 아이는 부모와 교감을 나누는데 이를 통해 정서적인 안정감을 얻게 된다는 것이다. • 그리고 이는 인간관계에도 긍정적인 영향을 미치게 된다고 한다.

결론	요약 및 정리
	• 앞서 살펴본 바와 같이 밥상머리 교육은 청소년의 인성 함양에 긍정적인 효과가 있다. • 밥상머리 교육을 되살려서 청소년들이 건강하고 바른 인성을 갖춘 인간으로 성장할 수 있도록 가정에서부터 노력해 보자.
	기대 및 전망 제시
	• 바쁜 생활 속에서 짬을 내어 하루에 한 끼라도 가족들이 모여 함께 식사하는 시간을 가진다면 청소년 문제 해결에 도움이 될 것이다.

읽고 쓰기

7 윗글의 구조를 참고하여 주장하는 글을 써 봅시다.

1) 주제 정하기

_____이/가 필요하다

2) 개요 짜기

서론	문제 제시
본론	주장 제시
	논거 제시 ①
	논거 제시 ②
결론	요약 및 정리
	기대 및 전망 제시

3) 작문하기

4) 자기 평가와 수정하기

체크리스트	네	아니요
❶ 글의 주제가 잘 드러나는가?	☐	☐
❷ 서론, 본론, 결론으로 단락이 잘 나누어졌는가?	☐	☐
❸ 주장하는 글의 구조를 잘 갖추고 있는가?	☐	☐
❹ 글의 주제에 맞는 고급의 어휘와 표현을 사용하였는가?	☐	☐
❺ 문장의 호응과 시제, 맞춤법이 정확한가?	☐	☐

주제 토론

1 미래에 대한 준비보다 현재의 행복을 중시하는 가치관에 대해 찬반이 엇갈리고 있습니다. 다음을 참고하여 이에 대해 어떻게 생각하는지 자신의 의견을 말해 봅시다.

1) 다음 뉴스 자료를 확인해 봅시다.

사례
"오늘 당장 행복하게 살래요" 나를 위해 소비하는 MZ 직장인

2) 어떤 주장이 합리적인지 생각해 보고 자신의 입장을 정해 봅시다.

주장	
☐ 현재에 충실한 것이 더 가치 있는 삶이다.	☐ 미래를 대비하는 것이 더 중요하다.

3) 주장의 근거를 찾아서 정리해 봅시다.

근거	
현재에 충실한 것이 더 가치 있는 삶이다	**미래를 대비하는 것이 더 중요하다**
• 인생은 한 번뿐이니 현재의 행복을 추구해야 한다. • •	• 지금 즐기기만 하면 노후에 후회하게 된다. • •

4) 다음 표현을 사용하여 현재의 행복을 중시하는 가치관에 대해 토론해 봅시다.

> 💬 **주장에 대한 근거를 설명할 때 사용하는 표현**
>
> • 저는 -(ㄴ/는)다고 생각합니다. 왜냐하면 -기 때문입니다.
> • 제가 그렇게 생각하는 이유는 -기 때문입니다.
> • -(ㄴ/는)다는 점에서 저는 -(이)라고 생각합니다.
> • 저는 -기에 -(이)라고 주장하는 바입니다.

4

1 PPT의 구성과 유의 사항에 대해서 알아봅시다.

1) PPT의 구성

표지 ➡ 목차 ➡ 내용 ➡ 참고 문헌 ➡ 끝인사

2) PPT 구성 시 유의 사항

① 표지	• 제목은 글씨 크기와 색을 조절하여 한눈에 들어오게 제시한다. • 주제와 관련된 이미지를 같이 넣어도 좋다.
② 목차	• 발표가 어떤 내용과 순서로 진행될 것인지 목차를 넣어 간단하게 소개한다.
③ 내용	• 한 화면에 너무 많은 내용을 넣지 말고 한눈에 파악할 수 있게 구성한다. • 발표문을 그대로 옮기지 말고 중심 내용만 요약하여 제시한다. • 중요한 내용은 글씨 크기나 굵기, 색 등에 차이를 줘서 강조한다. • 글의 내용에 따라 시각 자료(사진, 표, 그래프, 흐름도 등)를 활용하면 더 효과적이다. • 시각 자료를 넣을 때는 이를 설명하는 간단한 문구도 같이 제시한다. • 동영상은 지나치게 길지 않은 것으로 준비하며 필요한 부분만 보여준다. (PPT에서 동영상이 열리지 않을 경우를 대비하여 영상 파일이나 링크도 준비하면 좋다.) • 발표 내용과 무관한 시각 자료는 넣지 않도록 한다.
④ 참고 문헌	• 참고한 자료의 출처를 넣는다.
⑤ 끝인사	• '감사합니다', '잘 들어 주셔서 감사합니다' 등의 끝인사를 넣는다.

학술적 말하기

2 한국인의 가치관의 변화에 대해 알아보고 세계 각국의 상황을 소개해 봅시다.

1) 한국인의 결혼관의 변화에 대해서 알아봅시다.

가치관	결혼관
	현재 20-30대의 결혼관은 기성세대와 큰 차이를 보인다. 이들은 기성세대와는 달리 결혼을 절대적이고 보편적인 제도로 보지 않는다. 이러한 변화의 영향으로 비혼과 만혼이 증가하고 있으며 동거하는 커플들도 늘어나는 추세이다. 기성세대가 이혼에 대해 부정적으로 바라보는 반면에 젊은 세대들은 큰 거부감을 보이지 않는다.

2) 세계 각국의 가치관 변화에 대해 소개해 봅시다.

• 표현을 알아봅시다.

	표현	예
가치관	직업관, 소비관, 연애관, 결혼관, 가족관	현재 20-30대의 결혼관은 기성세대와 큰 차이를 보입니다.
변화	차이를 보이다/드러내다	
	~와는 달리	기성세대와는 달리 젊은 세대는 ~

• 내용을 정리해서 발표해 봅시다.

TIP
인터넷의 내용을 그대로 인용하지 말고, 청중들이 이해할 수 있는 수준으로 정리한다.

학술적 글쓰기

표지	본문			참고 문헌
	서론	본론	결론	
• 제목 • 목차	• 연구 배경 • 연구 목적	• 연구 대상과 연구 방법 • 연구 결과와 분석	• 요약 및 정리 • 의의와 한계점	

⟨연구 보고서의 구성⟩

1 연구 보고서의 본론 중 연구 대상과 연구 방법에 대해서 알아봅시다.

- 연구 대상과 연구 방법은 보고서 본론의 첫 번째 부분으로 연구 대상자의 기본 정보를 제시하고 인터뷰의 질문 내용 또는 설문 조사의 조사 항목을 적는다.

1) 연구 대상

- 연구 대상에는 국적과 성별, 총 인원 등의 기본 정보를 적는다.
- 표나 그래프로 해당 정보를 한눈에 볼 수 있도록 제시하는 것이 좋다.
- 연구 대상에 대해 설명할 때에는 다음과 같은 격식적인 표현을 사용한다.

연구 대상	• 본 연구를 위해 ~을/를 대상으로 • ~을/를 알아보기 위해 ~을/를 대상으로 • 한국 ○○대 남녀 각각 ○명을 대상으로 총 ○명에게 • 인터뷰/설문 조사 대상자의 성별/연령은 다음과 같다

2) 연구 방법

- 인터뷰와 설문 조사 중 자신의 연구에 활용한 방법에 대해 적는다.
- 인터뷰나 설문 조사가 어떤 질문으로 구성되었는지에 대해 간단하게 소개한다.
- 연구 방법에 대해 설명할 때에는 다음과 같은 격식적인 표현을 사용한다.

연구 방법	• 인터뷰/설문 조사를 실시했다 • 인터뷰/설문 조사를 통해 ~을/를 알아보고자/비교해 보고자 한다 • 인터뷰는 ~에 대한 질문으로 구성되었다 • 설문 조사에서는 ~와/과 ~에 대해 알아보았다. ~에 대한 조사도 실시하였다

학술적 글쓰기

인터뷰의 연구 대상과 방법 예시

본 연구를 위해 한국 대학생 남녀 각각 1명과 일본 대학생 남녀 각각 1명을 대상으로 총 4명에게 인터뷰를 실시했다. 인터뷰는 한국과 일본 사회에서 학력을 중시하는 정도에 대한 질문 1가지와 학력이 취업 및 직장 생활에 미치는 영향에 대한 질문 2가지, 그리고 부모의 학력이 자녀의 학력에 미치는 영향에 대한 질문 2가지로 구성되었다. 이를 통해 양국의 학력에 대한 인식을 비교해 보고자 한다. 인터뷰 대상자의 성별은 다음과 같다.

	한국	일본
남	A	C
여	B	D

〈표 1〉 인터뷰 대상자

설문 조사의 연구 대상과 방법 예시

본 연구에서는 성형 수술에 대한 인식을 알아보기 위해 한국인과 중국인 남녀 각각 20명을 대상으로 총 40명에게 설문 조사를 실시했다. 설문 조사에서는 외모에 얼마나 관심이 있는지와 외모에 들이는 시간에 대해 알아보았다. 그리고 성형 수술에 대한 관심도와 수술 여부에 대한 조사도 실시하였다. 이를 통해 양국의 성형 수술에 대한 인식을 살펴보고자 한다. 설문 조사 대상자의 성별은 다음과 같다.

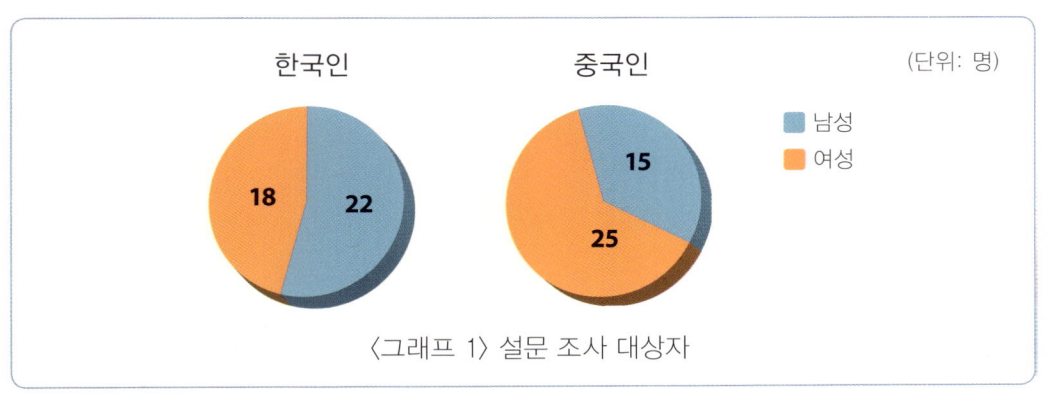

〈그래프 1〉 설문 조사 대상자

6 함께 사는 사회

학습 목표

나눔과 봉사 활동의
사회적 가치와 그 영향에 대해 말할 수 있다.

학습 내용

1
도입 | 나눔과 봉사 활동의 유형과 현황
어휘와 표현 | 나눔과 봉사 활동
대화문 | 다양한 기부 활동

2
문법과 표현 | ① -(으)ㄴ 끝에
② -(으)ㄹ 판이다
③ -고도 남다
듣고 말하기 | ① SNS를 통한 기부 활동
② 노숙인의 자활을 돕는 잡지

3
읽고 쓰기 | 나눔 문화의 확산이 절실하다
주제 토론 | 기업의 사회 공헌 활동, 의무인가?

4
학술적 말하기 | PPT 제작 2
학술적 글쓰기 | 연구 결과 쓰기

MP3 Streaming

1

1 다음 그림을 보고 다양한 나눔과 봉사 활동의 유형에 대해 알아봅시다.

| 나눔 활동 | 금전 기부 | 물품 기부 |
| 봉사 활동 | 복구 활동 | 일손 돕기 |

자신이 알고 있는 나눔과 봉사 활동의 유형을 말해 봅시다.

2 다음 통계 자료를 보고 한국인의 나눔과 봉사 활동 현황을 알아봅시다.

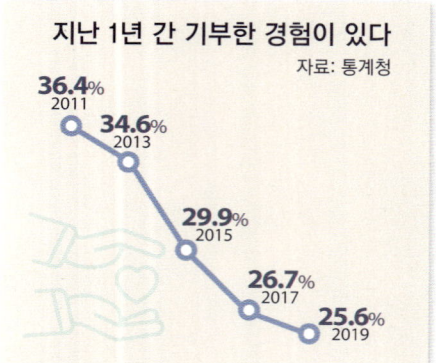

지난 1년 간 기부한 경험이 있다
자료: 통계청
- 36.4% 2011
- 34.6% 2013
- 29.9% 2015
- 26.7% 2017
- 25.6% 2019

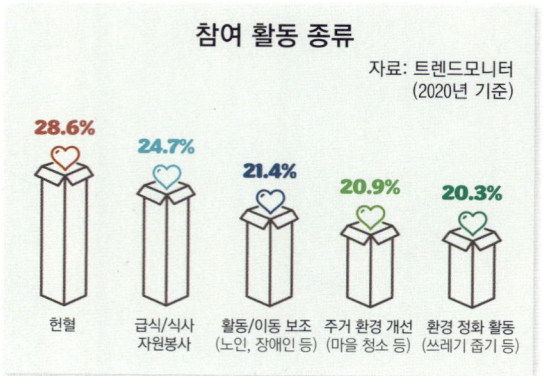

참여 활동 종류
자료: 트렌드모니터 (2020년 기준)
- 28.6% 헌혈
- 24.7% 급식/식사 자원봉사
- 21.4% 활동/이동 보조 (노인, 장애인 등)
- 20.9% 주거 환경 개선 (마을 청소 등)
- 20.3% 환경 정화 활동 (쓰레기 줍기 등)

세계 각국의 나눔과 봉사 활동 현황을 소개해 봅시다.

어휘와 표현

1 다음 표현을 사용하여 세계 각국의 나눔과 봉사 활동에 대해 말해 봅시다.

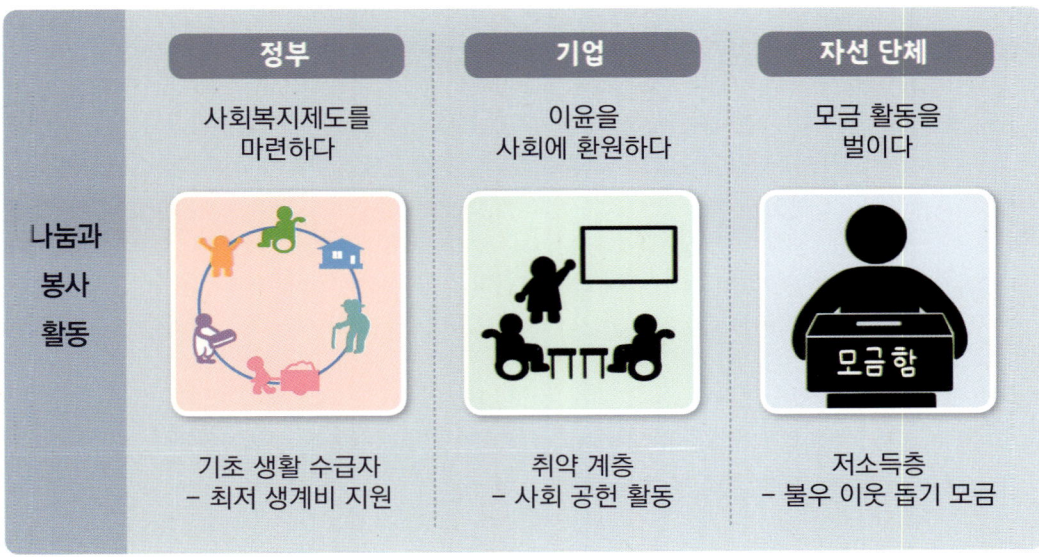

 정부는 사회적 약자를 도와주기 위해 **사회복지제도를 마련해서 운영**하고 있는데, 그중 대표적인 것으로 **기초 생활 수급자**를 위한 **최저 생계비 지원**이 있다.

2 다음 표현을 사용하여 상황에 맞게 이야기해 봅시다.

표현	상황
• 떵떵거리며 살다 • 남부럽지 않게 살다	가: 복권에 당첨된다면 얼마나 좋을까요? 나: _____.
• 생활비가 빠듯하다 • 시간이 빠듯하다	가: 한국에서 살아 보니 어때요? 힘든 점 있어요? 나: _____.
• 이/가 각광을 받다 • 이/가 대세다	가: 요즘 20-30대 사이에서 골프가 인기라면서요? 나: _____.
• 엄두를 못 내다 • 선뜻 시작하지 못하다	가: 시험공부 다 했어? 범위가 너무 많지 않아? 나: _____.

대화문

1 다음 대화문을 듣고 다양한 기부 활동에 대해서 이야기해 봅시다.

사토: 한 할머니가 <u>고생 끝에</u> 모은 재산 50억을 불우 이웃을 위해 내놓았다는 기사를 보고 깜짝 놀랐어요. 그 정도 돈이면 평생 떵떵거리며 살 수 있을 텐데 말이에요.

지우: 아무나 할 수 있는 일은 아니죠. 요즘같이 각박한 세상에 그런 뉴스를 접하면 아직은 온정이 살아 있구나 하는 생각에 마음이 따뜻해져요.

사토: 얼마 전에도 인기 가수 몇몇이 콘서트를 열어서 그 수익금 전액을 *저소득층을 위해 기부했다는 얘기를 들었어요. 한국에서는 연예인들의 기부 활동이 활발한 편인가요?

지우: 요즘 들어 연예인들의 기부가 많아지고 있는 추세예요. 연예인도 *공인으로서 나눔과 기부에 적극적으로 참여해야 한다는 인식이 확산되고 있거든요.

사토: 하긴 대중의 사랑으로 얻은 수익이니까 일부나마 사회에 환원하는 게 옳은 거 같아요. 인기 연예인의 수입은 일반인과는 비교도 안 될 만큼 많잖아요. 저도 돈만 있으면 기꺼이 기부하겠지만 지금은 생활비도 빠듯해서 오히려 제가 도움을 받아야 <u>할 판이에요</u>.

지우: 꼭 돈으로만 기부를 해야 하는 건 아니에요. 최근에는 자신의 지식이나 특기를 나누는 재능 기부나 SNS를 통해 이루어지는 *소셜 기부가 각광을 받고 있어요.

사토: 그동안 금전적으로 여유가 없어서 기부는 엄두도 못 냈는데 저도 재능 기부 같은 것은 할 수 있겠네요.

지우: 사토 씨 정도면 재능 기부를 <u>하고도 남죠</u>. 사토 씨는 그림도 잘 그리고 사진도 잘 찍잖아요. 자신의 재능을 나누는 것만으로도 기부가 되니까 많은 사람들이 동참하기만 하면 우리 사회가 *한결 따뜻해질 거예요.

사토: 그래요? 그럼 저도 재능 기부를 할 수 있는 곳을 한번 찾아봐야겠네요.

---

*사회 계층
부유층
중산층
서민층
저소득층

*공인
1) 공적인 일에 종사하는 사람
2) 사회 전체에 끼치는 영향이 큰 유명한 사람

*소셜 기부
소셜 미디어(SNS)의 댓글 활동 등을 통해 기부를 하는 방식

*한결
=한층

대화문

2 다음 질문에 대답해 봅시다.

1) 사토가 읽은 기사의 내용은 무엇입니까?

2) 연예인들의 기부에 대한 인식이 어떻게 바뀌고 있습니까?

3) 사토가 연예인들의 기부를 당연시하는 이유는 무엇입니까?

4) 최근 떠오르고 있는 새로운 형태의 기부 방식 두 가지는 무엇입니까?

3 발음과 억양에 유의하면서 다음 문장을 읽어 봅시다.

1) **요즘같이 각박한** 세상에 그런 뉴스를 **접하면** 마음이 **따뜻해져요**.

2) 얼마 전에도 인기 가수 **몇몇이** 콘서트를 열어서 그 **수익금 전액을** 저소득층을 위해 기부했다는 얘기를 들었어요.

3) 일부나마 사회에 **환원하는**게 **옳은** 거 같아요.

4 노블리스 오블리주에 대해서 알아봅시다.

노블리스 오블리주(noblesse oblige)

- '귀족의 책임'을 의미하는 프랑스어로 '높은 사회적 신분에 따른 도덕적 의무'를 말한다.
- 과거 왕과 귀족은 평소에 신분에 따른 권리를 누렸지만 전쟁 등 위기 시에는 솔선수범하는 모습을 보였다.
- 현대에는 기업의 CEO나 정치인, 연예인과 같은 공인들이 자신이 얻은 부의 일부를 사회에 환원하는 것이 노블리스 오블리주로 인식되고 있다.

대화문

5 함께 이야기해 봅시다.

1) 나눔과 봉사를 실천한 세계 각국의 유명한 인물을 소개해 봅시다.

🔍 **유일한 박사(1895~1971)**

제약 회사인 '유한양행'을 설립한 기업가이며, 한국에서 노블리스 오블리주를 실천한 대표적인 인물이다. 그는 기업 경영의 목표를 이윤에 두지 않고 사회 공헌에 두었다. 세상을 떠나면서 회사는 가족이 아닌 전 사원들에게 물려주었고, 나머지 재산은 사회에 환원하였다.

2) 최근 기업들의 사회 공헌 활동이 점차 강화되는 추세입니다. 세계 여러 기업들의 사회 공헌 활동에 대해 소개해 봅시다.

🔍 **한국 기업의 사회 공헌 활동**

한국에서는 기업들이 사회 공헌 활동에 적극적으로 참여하고 있다. 일례로 삼성전자는 시골 지역의 학교에 디지털 기기와 프로그램을 지원하고 있다. 또한 현대자동차는 저소득층 및 취약 계층에게 창업에 필요한 자동차를 선물하여 자립의 기회를 제공하고 있다.

📒 필요한 정보를 찾아서 메모해 봅시다.

심화 표현

1 다음 어휘를 알아봅시다.

1) 공인(公人) : 공적인 일에 종사하는 사람

'공(公)'은 '국가나 사회의', '국민 전체의'의 의미를 나타내는 한자어이다. 어휘 앞에 붙어 그 어휘에 '국가나 사회의', '국민 전체의'라는 의미를 더한다.

예) 공약, 공무, 공식적, 공기업

다음 신문 기사의 제목을 보고 내용을 말해 봅시다.

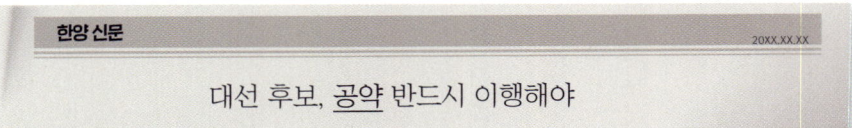

한양 신문 20XX.XX.XX
대선 후보, **공약** 반드시 이행해야

2) 떵떵거리다(떵떵 -거리다): 권력이나 재력을 과시하면서 큰소리치며 살다

'-거리다'는 그런 상태가 계속됨을 의미하는 접미사이다. 의성어나 의태어와 함께 어울려서 사용하며, '-거리다'가 붙으면 동사가 된다는 특징이 있다.

예) 반짝거리다, 출렁거리다, 낄낄거리다, 콜록거리다

다음 신문 기사의 제목을 보고 내용을 말해 봅시다.

한양 신문 20XX.XX.XX
금리 인상, 증시 큰 폭으로 **출렁거려**

2

1 -(으)ㄴ 끝에

- 시간, 비용, 노력이 필요한 행동을 통해 어떤 결과를 얻게 되었음을 말할 때 사용한다.
- 명사나 동사에 붙여 사용한다.
- 앞 절에는 이제까지 시간·비용·노력을 들여 해 왔던 일을 적고, 뒤 절에는 그 결과를 적는다.

예문
- 2년 넘게 공부한 끝에 한국어능력시험에서 6급을 받았다.
- 고민 끝에 이번 재해 지역 복구 자원봉사에 참여하기로 했다.

1 다음을 '-(으)ㄴ 끝에'를 사용하여 연결해 봅시다.

1) 열 시간의 대수술 • • ㈎ 1:1 무승부를 기록했다.
2) 두 팀은 치열한 접전 • • ㈏ 사회복지사가 되기로 했다.
3) 내 동생은 삼수를 하다 • • ㈐ 원하던 대학에 들어가게 되었다.
4) 오랫동안 심사숙고하다 • • ㈑ 그 환자는 잃었던 시력을 되찾게 되었다.

2 '-(으)ㄴ 끝에'를 사용하여 길고 힘든 과정을 통해 얻은 결과를 나타내는 문장을 만들어 봅시다.

문법과 표현

2 -(으)ㄹ 판이다

연말 자선 행사를 위해 준비할 것이 너무 많네요.

네, 다 끝내려면 밤을 새워야 할 판이에요.

- 현재의 상황을 강조하기 위해 지금의 상황이 지속된다면 일어날 수 있는 극단적 상황을 가정하여 말할 때 사용한다.
- 동사에 붙여 사용한다.
- 보통 앞 절에는 그렇게 생각하는 이유나 상황을 적고, 뒤 절에는 미래에 발생할 수 있는 극단적인 상황을 적는다.

예문
- 장사가 너무 안 돼서 문을 닫을 판이에요.
- 대학 등록금이 너무 비싸서 학업을 포기해야 할 판이에요.

1 다음을 '-(으)ㄹ 판이다'를 사용하여 연결해 봅시다.

1) 학점이 너무 낮아서 • • (가) 강제 출국을 당할 것이다
2) 비자에 문제가 생겨서 • • (나) 학사 경고를 받을 것이다
3) 등록금을 마련하지 못해서 • • (다) 결혼을 미루어야 할 것이다
4) 내 집 마련은커녕 결혼 자금도 없어서 • • (라) 학교를 그만두어야 할 것이다

2 '-(으)ㄹ 판이다'를 사용하여 최악의 결과를 예측하면서 현재의 부정적 상황을 강조하는 문장을 만들어 봅시다.

문법과 표현

3 -고도 남다

용돈이 70만 원밖에 안 돼서 기부는 꿈도 못 꿔.

70만 원이면 기부하고도 남을 것 같은데.

- 시간이나 양, 능력이 충분하여 어떤 일을 할 수 있음, 또는 평소의 성품으로 미루어 어떤 행동을 할 것으로 예측할 수 있음을 말할 때 사용한다.
- 동사에 붙여 사용한다.
- 보통 앞 절에는 그렇게 생각하는 이유나 조건·상황이 오고, 뒤 절에는 그런 조건이나 상황에서 충분히 할 수 있는 행위를 적는다.

예문
- 200만 원이면 한 달 동안 생활하고도 남는다.
- 그 사람은 (착하니까) 부탁하면 도와주고도 남을 거야.

1 다음을 '-고도 남다'를 사용하여 연결해 봅시다.

1) 피자 두 판이면 •   • ㈎ 생활비를 충당하다
2) 5년이라는 시간이면 •   • ㈏ 세 명이 배부르게 먹다
3) 나도 같은 업종에 종사해서 • • ㈐ 한국어를 충분히 배우다
4) 한 달 내내 아르바이트를 하면 • • ㈑ 그 사람의 고충을 이해하다

2 '-고도 남다'를 사용하여 충분함을 나타내는 문장을 만들어 봅시다.

심화 표현

1 다음 한자성어를 알아봅시다.

1) 십시일반(十匙一飯)

밥 열 술이 한 그릇이 된다는 뜻으로, 여러 사람이 조금씩 힘을 합하면 한 사람쯤은 충분히 도울 수 있다는 것을 비유적으로 이르는 말이다.

예) 사원들이 <u>십시일반</u>으로 모은 성금을 불우 이웃을 돕는 데 사용했다.

💬 다음 신문 기사의 제목을 보고 내용을 말해 봅시다.

한양 신문	20XX.XX.XX

<u>십시일반</u> 모은 사랑으로 취약 계층 더위 무사히 이겨 내길

2) 측은지심(惻隱之心)

슬퍼하고 불쌍히 여기는 마음이라는 뜻으로, 인간이 가지고 태어나는 남을 불쌍하게 여기는 착한 마음을 의미한다.

예) 주인 없이 거리를 떠돌아다니는 강아지를 보면 <u>측은지심</u>이 든다.

💬 다음 신문 기사의 제목을 보고 내용을 말해 봅시다.

한양 신문	20XX.XX.XX

'<u>측은지심</u>'으로 환자의 마음까지 생각하는 의사 되고파

듣고 말하기 1

1 듣기 활동을 하기 전에 함께 이야기해 봅시다.

1) 여러분이 주로 사용하는 SNS는 무엇입니까?

2) SNS를 통해 할 수 있는 일에는 무엇이 있는지 알아봅시다.

게시물을 올리다	상품을 홍보하다	후원을 하다
게시물에 댓글을 달다	기업 이미지를 높이다	기부를 하다

2 내용을 듣고 문제를 풀어 봅시다.

1) 들은 내용의 제목으로 알맞은 것을 고르십시오.

① SNS의 인기　　　　　② 소셜 기부의 장점
③ 다양한 기부의 형태　　④ 소액 기부의 문제

2) SNS를 통해 기부가 이루어지는 과정을 쓰십시오.

| 기업에서 SNS에 올린 특정한 글에 사람들이 (　　　　　). | ⇨ | SNS에 달린 (　　) 수만큼 기업이 일정 금액을 기부한다. |

3) 소셜 기부에 대한 설명으로 바르지 않은 것을 고르십시오.

① 참여 기업은 사람들에게 좋은 인상을 줄 수 있다.
② 참여 방법이 간단하여 기부 행위에 쉽게 참여할 수 있다.
③ 기업의 입장에서 상품을 직업 판매할 수 있는 수단이 된다.
④ 소액의 기부지만 참여율이 높아지면 사회에 큰 보탬이 될 수 있다.

듣고 말하기 1

3 듣기 활동이 끝난 후에, 다음을 참고하여 자신의 생각을 말해 봅시다.

> 소셜 기부는 기업의 입장에서 보면 _____,
> _____어서 일석이조의 효과가 있다고 할 수 있다.

4 다음을 보고 소셜 기부의 사례에 대해 소개해 봅시다.

🔍 나무사랑 챌린지
서울시 공식 SNS 계정에 방문해서 나무 이모티콘으로 댓글을 달면 기업에서 댓글 10개당 나무 1그루를 서울시에 기부하는 캠페인이다.

출처: https://blog.naver.com/goodnowon/221917438606

🔍 빅워크(Big walk) 앱
빅워크는 걸은 시간과 거리, 소모된 칼로리 등이 표시되는 앱이다. 앱을 다운로드 받은 후에 10m를 걸을 때마다 기업에서 참여자가 원하는 기부 활동에 1원씩 기부를 한다.

ⓘ 참고하기

1) SNS가 **확산되면서**
   어떠한 것이 넓게 퍼지게 되다
   예 추석 연휴 이후 전염병이 전국적으로 확산되고 있다.

2) 클릭 한 번으로 **손쉽게** 기부 활동에 참여할 수 있어서
   하기에 매우 쉽게
   예 집에서 가장 손쉽게 재배할 수 있는 채소는 토마토이다.

3) '**백지장도 맞들면 낫다**'는 속담처럼
   쉬운 일이라도 협력하면 훨씬 쉽게 할 수 있다
   예 '백지장도 맞들면 낫다'고 여러 사람이 함께 고민하니까 좋은 아이디어가 나오네.

듣고 말하기 2

1 듣기 활동을 하기 전에 함께 이야기해 봅시다.

1) 여러분은 잡지를 자주 봅니까? 주로 어떤 내용의 잡지를 봅니까?

시사 잡지

패션 잡지

대중문화 잡지

2) 다음 어휘와 표현을 알아봅시다.

| 창간하다 | 판권을 주다 | 수익을 얻다 | 자립하다 |

2 내용을 듣고 문제를 풀어 봅시다.

1) 여자는 왜 사람들이 잡지를 구매하지 않을 거라고 생각합니까?

① 노숙인이 팔아서
② 무료로 나눠 줘서
③ 잡지의 내용이 부실해서
④ 잡지의 외양이 초라해서

2) 이 잡지를 만든 목적을 쓰십시오.

_____

3) 남자가 산 잡지에 대한 설명으로 맞으면 O, 틀리면 X 하십시오.

① 영국에서 처음 창간되었다. ( )
② 원하는 사람은 누구나 잡지를 팔 수 있다. ( )
③ 같은 내용이지만 나라별로 다른 언어로 쓰여 있다. ( )
④ 대중문화에 관한 내용을 많이 다루고 있다. ( )

듣고 말하기 2

3 듣기 활동이 끝난 후에, 다음을 참고하여 자신의 생각을 말해 봅시다.

> 노숙인들에게 가장 필요한 것은 _____는 일일 것이다.

4 다음을 보고 세계 각국의 노숙인 지원 정책에 대해 소개해 봅시다.

🔍 **한국의 노숙인 대상 사회복지제도**

노숙인 종합 지원 센터 운영
노숙인에게 일시적인 숙식, 의료 서비스, 샤워 및 이미용 서비스를 제공하고 있다.

노숙인 자활 일자리 제공
노숙인들을 대상으로 간단한 일거리를 제공하고 있다. 이외에도 직업 훈련 서비스를 제공하여 노숙인들의 자활을 돕는다.

ℹ️ 참고하기

1) 저 잡지가 **내용이** 얼마나 **알찬데요**.
   　　　　　　　내용이 충실하고 실속이 있다
   예) 시사 잡지의 기사들은 논문에 쓸 수 있을 만큼 내용이 알차다.

2) 저 잡지 한 권에는 깊은 의미가 **담겨져** 있어요.
   　　　　　　　　　　　어떤 내용이나 사상이 그림, 글, 말 속에 포함되다
   예) 이 사진에는 우리 학창시절의 추억이 담겨 있다.

3) 잡지의 판매 수익은 **고스란히** 그들에게 돌아가는 거예요.
   　　　　　　　　조금도 줄어들거나 변하지 않고 원래의 그대로
   예) 저는 요즘 월급을 받으면 생활비 빼고 고스란히 저금하고 있어요.

4) 주로 대중문화에 관한 내용이라서 **부담없이** 읽을 수 있어요.
   　　　　　　　　　　　　　　불편하거나 어려움을 느끼지 않고
   예) 새로 출시된 스마트폰은 부담없이 구매할 수 있도록 가격을 낮췄다.

3

1 읽기 활동을 하기 전에 다음을 확인해 봅시다.

1) 다음 그림을 보고 나눔을 상징하는 물건에 무엇이 있는지 말해 봅시다.

구세군 자선냄비

사랑의 온도계

사랑의 열매

2) 다음 그림을 보고 양극화 현상에 대해서 알아봅시다.

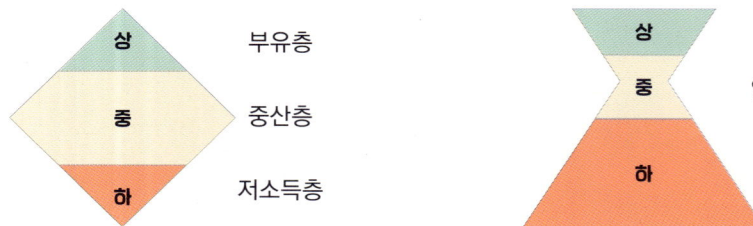

2 다음 글을 읽으면서 각 단락의 주제문을 찾아봅시다.

나눔 문화의 확산이 절실하다

찬바람이 부는 연말이 되면 거리 곳곳에서 모금 활동을 벌이고 있는 구세군과 빨간 냄비를 볼 수 있다. 광장에는 사람들의 기부금이 쌓일 때마다 온도가 올라가는 대형 온도계가 '사랑의 온도계'라는 이름으로 설치된다. 언론 매체에서도 경쟁적으로 '나눔'에 대한 이야기를 다루고, 익명의 기부자가 거액을 기부했다는 소식도 심심찮게 들려온다.

나눔 문화는 양극화 현상이 심화된 우리 사회에서 긍정적인 역할을 할 것으로 기대된다. 현재 우리 사회는 중산층이 저소득층으로 몰락하고 빈곤 계층이 많아지면서 사회 구성원들 사이에 갈등이 고조되고 있다. 이런 상황에서 나눔 문화는 양극화 현상을 직접적으로 해결하는 데 도움이 되지는 않더라도 계층 간 심리적 갈등의 폭을 줄이는 데 기여한다. 그러므로 우리 사회의 통합을 위해 나눔 문화의 확산이 반드시 필요한 것이다.

그러나 개개인의 노력만으로는 사회 통합을 이루어 내기에 역부족이다. 이에 기업인과 같은 사회 지도층이나 연예인 같은 공인들의 책임과 역할이 절실히 요구된다. 다행스럽게도

1 ( )

2 ( )

읽고 쓰기

최근에는 다수의 기업인들이 사회 공헌 활동을 기업 경영의 중요한 요소로 받아들이고 있는 추세이다. 또한 일회성 지원이나 생색내기에 그쳤던 과거의 사회 공헌 활동과는 달리 최근에는 장기간 이어갈 수 있는 활동을 펼치는 것도 긍정적인 변화 중 하나이다.

③ ( )

한편 연예인들의 기부도 이미지 관리를 위한 수단에서 벗어나 날로 적극적이고 조직적으로 바뀌고 있다. 게다가 연예인의 기부는 청소년들과 일반인에게 기부 활동에 대한 좋은 인식을 심어주는 데에 매우 효과적이라는 점에서 나눔 문화 확산에 긍정적인 영향을 미치고 있다.

④ ( )

아프리카 속담에 '빨리 가고 싶으면 혼자 가고, 멀리 가고 싶으면 같이 가라'는 말이 있다. 나눔 문화가 확산되어 우리 사회 구성원 모두가 한 사람의 낙오자도 없이 함께 멀리멀리 갔으면 하는 바람이다.

⑤ ( )

🔍 각 단락의 주제문을 찾아봅시다.

㉮ 연예인들도 적극적이고 조직적으로 기부 활동에 참여하고 있다.
㉯ 연말이 되면서 우리 주위에서 다양한 나눔 활동들을 목격할 수 있다.
㉰ 요즘 들어 기업들의 사회 공헌 활동이 점차 활발해지고 있는 추세이다.
㉱ 나눔 문화가 확산되어 우리 사회 구성원 모두가 함께 발전하기를 바란다.
㉲ 나눔 문화의 확산은 양극화가 심화되는 상황에서 사회 통합을 이뤄 내기 위해 필요한 것이다.

ℹ️ 참고하기

1) 심심찮게 들려오다 (소식이나 소문이) 꽤 자주 들려오다
   예) 한국 영화가 해외 영화제에서 수상을 했다는 소식이 심심찮게 들려온다.

2) 역부족이다 (어떤 일을 하기에) 힘이 충분치 않다
   예) 사원들은 회사를 살리기 위해 최선을 다했으나 역부족이었다.

3) ~에서 벗어나 (일정한 틀이나 영역을) 넘어서서
   예) 그 선수는 이번 경기에서 아마추어 수준에서 벗어나 프로 못지않은 기량을 보여줬다.

읽고 쓰기

3 다음 질문에 답해 봅시다.

1) 연말에 볼 수 있는 나눔 문화에는 어떤 것들이 있습니까?
2) 요즘 특별히 나눔 문화가 필요한 이유는 무엇입니까?
3) 사회 통합을 위해서 특히 책임이 요구되는 사람들은 누구입니까?
4) 기업의 사회 공헌 활동은 과거와 비교해 어떻게 달라졌습니까?
5) 연예인들의 기부 활동이 나눔 문화 확산에 영향을 미치는 이유는 무엇입니까?

4 다음 표현으로 주제문을 연결하여 글을 요약해 봅시다.

| 또한 | 이러한 | 이처럼 | 다행스럽게도 |

요약하기	

5 양극화 현상을 상징적으로 보여주는 표현에는 어떤 것이 있는지 알아봅시다.

🔍 **기울어진 운동장**

공정한 경쟁이 불가능한 상황을 비유적으로 표현하는 말이다. 어느 한 쪽에 일방적으로 유리한 제도나 상황에서, 다른 한 쪽은 기울어진 운동장에서 축구를 하는 것처럼 불리한 상황에 놓여 경쟁에서 이기기가 힘들다는 뜻이다.

읽고 쓰기

6 윗글의 구조를 알아봅시다.

도입	**화제 제시**
	• 연말이 되면 거리 곳곳에서 구세군과 빨간 냄비를 볼 수 있다.
	• 언론 매체에서도 경쟁적으로 '나눔'에 대한 이야기를 다루고 익명의 기부자가 거액을 기부했다는 소식도 심심찮게 들려온다.
	입장 제시
	• 나눔 문화는 우리 사회에서 긍정적인 역할을 할 것으로 기대된다.
	• 나눔 문화는 계층 간 심리적 갈등의 폭을 줄이는 데 기여한다.
	• 우리 사회의 통합을 위해 나눔 문화의 확산이 반드시 필요한 것이다.

전개	**문제점 제시**
	• 개개인의 노력만으로는 사회 통합을 이루어 내기에 역부족이다.
	해결책 제시 ①
	• 사회 지도층의 책임과 역할이 절실히 요구된다.
	• 다행스럽게도 최근 사회 공헌 활동을 기업 경영의 중요한 요소로 받아들이는 추세이다.
	• 최근에는 장기간 이어갈 수 있는 활동을 펼치는 것도 긍정적인 변화 중 하나이다.
	연결
	• 한편 연예인들의 기부도 날로 적극적이고 조직적으로 바뀌고 있다.
	해결책 제시 ②
	• 연예인들의 기부는 기부 활동에 대한 좋은 인식을 심어주는 데 효과적이라는 점에서 나눔 문화 확산에 긍정적인 영향을 미치고 있다.

마무리	**요약 및 바람**
	• 아프리카 속담에 '빨리 가고 싶으면 혼자 가고 멀리 가고 싶으면 같이 가라'는 말이 있다.
	• 우리 사회 구성원 모두가 함께 멀리멀리 갔으면 하는 바람이다.

읽고 쓰기

7 윗글의 구조를 참고하여 기고문을 써 봅시다.

> **기고문이란?**
> 기고문이란 자신의 의견을 알리기 위해 언론 매체에 보내는 글을 말한다. 주장하는 글에 비해 비교적 형식이 자유롭다는 특징이 있다.

1) 주제 정하기

2) 개요 짜기

도입	화제 제시
	입장 제시

전개	문제점 제시
	해결책 제시 ①
	연결
	해결책 제시 ②

마무리	요약 및 바람

3) 작문하기

4) 자기 평가와 수정하기

> 📋 **체크리스트**   네   아니요
> ❶ 글에 자신의 입장이 잘 드러나는가? ☐ ☐
> ❷ 도입, 전개, 마무리로 단락이 잘 나누어졌는가? ☐ ☐
> ❸ 기고하는 글의 구조를 잘 갖추고 있는가? ☐ ☐
> ❹ 글의 내용에 맞는 고급의 어휘와 표현을 사용하였는가? ☐ ☐
> ❺ 문장의 호응과 시제, 맞춤법이 정확한가? ☐ ☐

주제 토론

1 최근 기업들의 사회 공헌 활동이 활발해지면서 사회 공헌 활동에 참여하지 않는 기업이 눈총을 받고 있습니다. 이에 대해 어떻게 생각하는지 자신의 의견을 말해 봅시다.

1) 다음 뉴스 자료를 확인해 봅시다.

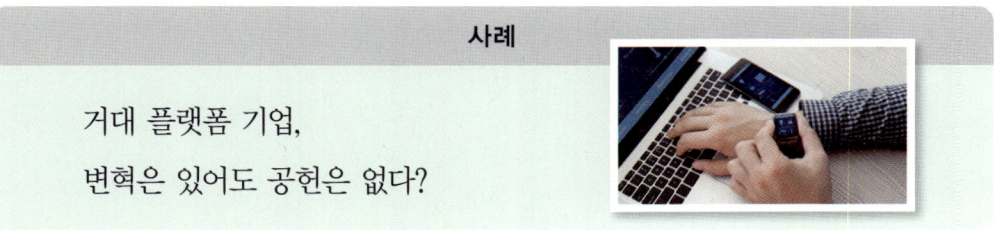

사례

거대 플랫폼 기업,
변혁은 있어도 공헌은 없다?

2) 어떤 주장이 합리적인지 생각해 보고 자신의 입장을 정해 봅시다.

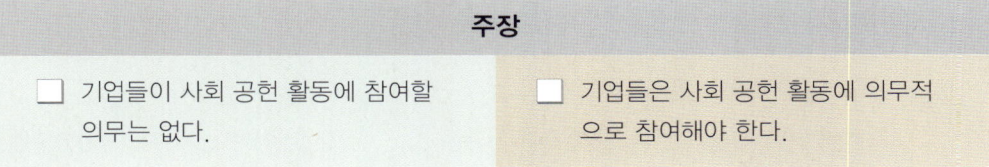

주장

☐ 기업들이 사회 공헌 활동에 참여할 의무는 없다.

☐ 기업들은 사회 공헌 활동에 의무적으로 참여해야 한다.

3) 주장의 근거를 찾아서 정리해 봅시다.

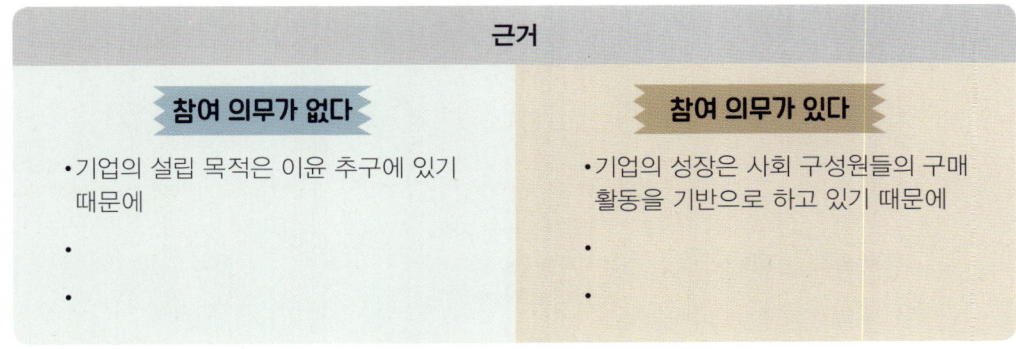

근거

참여 의무가 없다
- 기업의 설립 목적은 이윤 추구에 있기 때문에
-
-

참여 의무가 있다
- 기업의 성장은 사회 구성원들의 구매 활동을 기반으로 하고 있기 때문에
-
-

4) 다음 표현을 사용하여 기업의 사회 공헌 활동이 의무인지에 대해 토론해 봅시다.

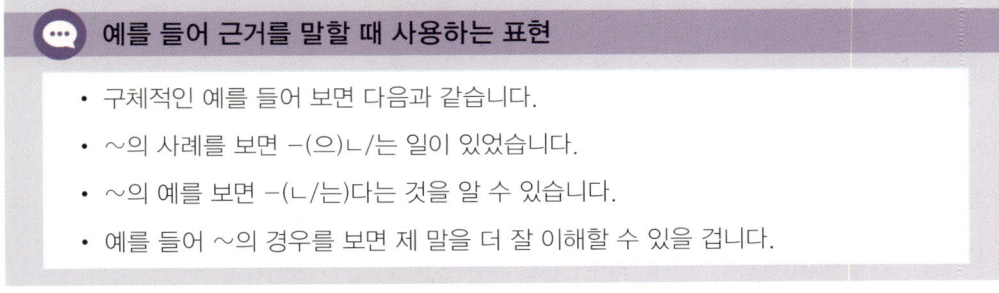

💬 예를 들어 근거를 말할 때 사용하는 표현

- 구체적인 예를 들어 보면 다음과 같습니다.
- ~의 사례를 보면 -(으)ㄴ/는 일이 있었습니다.
- ~의 예를 보면 -(ㄴ/는)다는 것을 알 수 있습니다.
- 예를 들어 ~의 경우를 보면 제 말을 더 잘 이해할 수 있을 겁니다.

4

1 PPT의 문자 텍스트 구성을 위한 전략에 대해 알아봅시다.

1) PPT의 문자 텍스트 구성 원칙

- 발표 시간, 장소 등의 조건을 고려하여 분량과 내용을 정한다.
- 발표 내용 중 중요하고 필수적인 내용만을 선별하여 작성한다.
- 문장으로 서술하지 않고 기호 등을 활용하여 간략하게 제시한다.
- 청중이 시각적으로 빠르게 내용을 파악하도록 구성한다.

2) PPT의 문자 텍스트 구성 절차

분량 결정 ➡ 내용 선별 ➡ 문장 작성 ➡ 위치 선정

3) PPT의 문자 텍스트 구성 전략

전략	예시	
서술식 문장(X)	"적당한 운동을 하면 심장에 피가 흘러 들어가서 심장이 튼튼해진다."	▶ 운동의 효과: 심장 강화
명사 완결	동물 면역력 감소 ⇨ 병든다 ⇨ 집단 감염 ⇨ 항생제를 먹인다 ⇨ 사람이 먹기 ⇨ 해롭	▶ 동물 면역력 감소 ⇨ **질병 발생** ⇨ 집단 감염 ⇨ **항생제 투입** ⇨ **육류로 소비** ⇨ **인체 피해**
기호 활용	"숟가락과 젓가락은 식사 도구로서 수저라고 한다. 또는 숟가락을 높여 부르는 말이기도 하다."	▶ 수저 = 숟가락 + 젓가락 or 숟가락의 높임말

학술적 말하기

2 다음 소감문을 읽어 보고 자신의 봉사 활동 경험을 소개해 봅시다.

1) 다음 봉사 활동 소감문을 읽어 봅시다.

봉사 활동	소감문
	저는 지난달에 혼자 사시는 독거노인 분들을 위한 집수리 봉사 활동에 참여했습니다. 그날 저와 10여 명의 봉사자들은 성동구 지역 어르신들이 쾌적하고 안락한 환경에서 지내시도록 집의 내·외부를 수리하고 청소를 했습니다. 집수리 봉사 활동을 마치고 나니 몸은 힘들었지만 뿌듯함을 느낄 수 있었고, 앞으로도 꾸준히 참여해야겠다는 생각이 들었습니다.

2) 자신의 봉사 활동 경험에 대해 발표해 봅시다.

• 표현을 알아봅시다.

	표현
대상	취약 계층, 결식아동, 독거노인, 노숙인, 장애인, 피해 농가, 이재민
활동 내용	수해 복구/○○ 피해 복구 활동, 환경 보호 활동, 농촌 일손 돕기, 집수리 봉사, 상담 봉사, 교육 봉사, 행사 참여, 행사 보조
의의 및 소감	~에/는 데(에) 일조를 하다/보탬이 되다 ○○ 활동을 하고 나서 뿌듯함/자부심을 느끼다 ○○ 활동은 ~에 대해 다시 생각하는 계기가 되다 ○○ 활동을 통해 –(으)ㄴ/는 것을 알게 되다/깨닫게 되다 –(으)ㄹ 수 있도록 앞으로도 –겠다는 생각이 들었다

• 내용을 정리해서 발표해 봅시다.

TIP
봉사 활동을 하면서 찍은 사진이 있다면 같이 제시하여 청중의 이해를 돕는다.

학술적 글쓰기

표지	본문			참고 문헌
	서론	본론	결론	
• 제목 • 목차	• 연구 배경 • 연구 목적	• 연구 대상과 연구 방법 • 연구 결과와 분석	• 요약 및 정리 • 의의와 한계점	

〈연구 보고서의 구성〉

1 연구 보고서의 본론 중 연구 결과와 분석에 대해서 알아봅시다.

- 연구 결과와 분석은 보고서 본론의 두 번째 부분으로 인터뷰나 설문 조사 등을 통해 나온 조사 결과를 제시하고, 그에 대한 작성자의 분석 내용을 적는다.

1) 연구 결과

- 연구 결과는 핵심 내용을 위주로 요약·정리해서 제시한다.
- 인터뷰의 결과는 '-(ㄴ/는)다'체로, 설문 조사 결과는 그래프로 제시한다.
- 연구 결과를 작성할 때에는 다음과 같은 격식적인 표현을 사용한다.

개요	• ~에 대해 알아보기 위해 실시한 인터뷰/설문 조사 결과는 다음과 같다. • 인터뷰/설문 조사를 통해 ~에 대해 다음과 같은 결과를 얻을 수 있었다.
인터뷰/ 설문 조사 결과	• 인터뷰/설문 조사 결과 응답자/대상자 ____명 중 ____명이 -(ㄴ/는)다고 응답하였다. • 전체 인터뷰/설문 조사 응답자/대상자 중 ____%가 -(ㄴ/는)다고 응답하였다. • -냐는 질문에 ~이/가 ____%로 가장 높게 나타났고 ~이/가 ____%, ~이/가 ____%로 그 뒤를 이었다. • -냐는 질문에 -(이)라는 응답과 -(이)라는 응답이 동일하게 ____%로 나타났다. • 반면에 -냐는 질문에는 ~이/가 ____%로 가장 높았고 ~은/는 ____%로 나타났으며, ~은/는 ____%에 그쳤다.

2) 연구 결과 분석

- 연구 결과 분석에는 연구 결과가 나오게 된 원인 및 배경을 적는다.
- 분석 내용은 항목별로 제시된 연구 결과에 이어서 적는다.
- 연구 결과와 분석 내용을 작성할 때에는 다음과 같은 격식적인 표현을 사용한다.

원인 및 배경	• -(이)라는 것을 보면 -(ㄴ/는)다는 것을 알 수 있다 • 이와 같은 결과는 -(이)라고 해석할 수 있다/볼 수 있다 • 이러한 결과는 ~에 기인한 것으로 해석할 수 있다/보인다

학술적 글쓰기

인터뷰의 연구 결과와 분석 예시

현재 한국과 일본 사회에서 학력이 어떤 영향을 미치고 있는지에 대해 알아보기 위해 실시한 인터뷰 결과는 다음과 같다.

1-1 현재 한국/일본 사회에서는 학력을 중시하는 사회라고 보는가?
학력을 중시하는 사회라고 본다면 어떤 점, 어떤 상황에서 느끼는가?

> 〈A 씨〉
> 한국은 학력을 중시하는 사회이다. 현재 한국은 인력 과잉 상황이기 때문에 취업이나 사회 진출 시 학력 등 여러 가지 조건을 보는 분위기가 있다.
> 〈B 씨〉
> 세대를 막론하고 학력은 사람을 판단하는 데에 많은 영향을 미치는 요소라고 생각한다. 학력은 지금까지 노력해 온 결과이므로 중시할 수밖에 없다고 생각한다.

인터뷰 결과 응답자 4명 모두가 한국과 일본 사회가 학력을 중시하는 사회라고 응답했는데, 특히 취업할 때 학력이 큰 영향을 미치는 것 같다고 답했다. 응답자 모두 대학생이고 아직 취업 경험이 없는데도 이러한 답을 한 것을 보면 한국과 일본 사회에서 학력이 취업의 중요한 조건으로 여겨진다는 것을 알 수 있다.

설문 조사의 연구 결과와 분석 예시

현재 한국과 중국의 성형 수술에 대한 인식 차이에 대해 알아보기 위해 실시한 설문 조사 결과는 다음과 같다.

1-1 성형 수술을 받고 싶습니까?

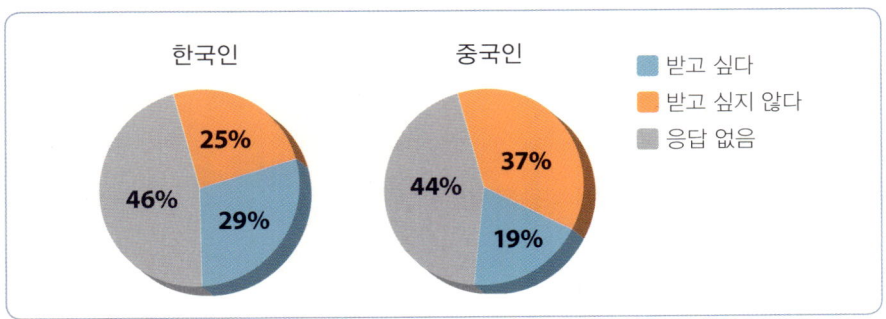

우선 성형 수술을 받고 싶냐는 질문에 한국인 응답자 중 29%가 '받고 싶다'고 응답한 반면 중국인은 19%만이 '받고 싶다'고 응답하여, 한국인이 중국인보다 10% 높게 나타났다. 이러한 결과는 한국인의 성형 수술에 대한 거부감이 중국인에 비해 적은 데에 기인한 것으로 보인다.

7 세계 경제와 무역

학습 목표

세계 경제의 흐름을 이해하고
자국의 경제 상황에 대해 말할 수 있다.

학습 내용

1
도입 | 세계 경제 동향과 무역 상품
어휘와 표현 | 국제기구와 무역 협정
대화문 | 국제 무역

2
문법과 표현 | ① -(으)면 모를까
　　　　　　② -기(가) 일쑤(이)다
　　　　　　③ -(ㄴ/는)다면야
듣고 말하기 | ① 나비효과
　　　　　　② 식량 자급의 중요성

3
읽고 쓰기 | 공정 무역 커피가 성공하려면
주제 토론 | 자유 무역과 보호 무역

4
학술적 말하기 | PPT 제작 3
학술적 글쓰기 | 결론 쓰기

MP3 Streaming

1 한국의 경제 문제에 대해 알아봅시다.

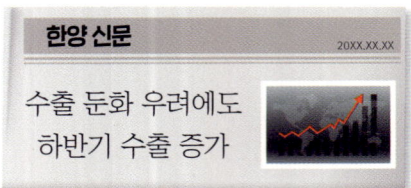

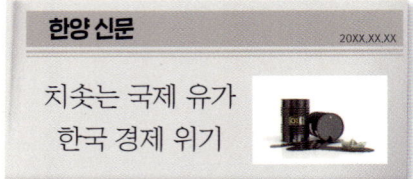

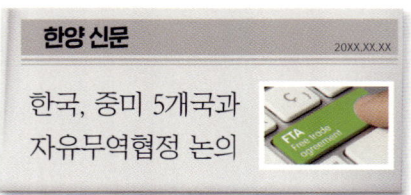

 세계 각국의 경제 상황에 대해 이야기해 봅시다.

2 한국의 주요 무역 상품에 대해 알아봅시다.

한국의 주요 수입품과 수출품

- 주요 수입품
  원자재(석유, 석탄, 천연가스), 농수산물

- 주요 수출품
  반도체, 자동차, 선박, 전자 기기

 세계 각국의 주요 무역 상품에 대해 이야기해 봅시다.

어휘와 표현

1 다음 표현을 사용해서 국제기구와 무역 협정에 대해 이야기해 봅시다.

| G20 | • 세계 경제 현안에 대해 논의하는 국제기구
• 세계 경제 문제 해결 및 국가 간의 우호 협력 증진
• 참여국은 전 세계 교역량의 80%를 차지함 |

| FTA | • 국가 간의 무역 장벽 완화를 위한 자유무역협정
• 특정 국가 간의 무역 증진
• 무역 비중이 큰 국가에게 중요함 |

G20은 세계 주요 20개국이 모여 **세계 경제 현안에 대해 논의하는 국제기구**로서 **세계 경제 문제 해결 및 국가 간의 우호 협력 증진**을 목적으로 한다. G20 **참여국이 전 세계 교역량의 80%를 차지한다**는 특징이 있다.

FTA는 국가 간의 무역 장벽 완화를 위한 자유무역협정으로 **특정 국가 간의 무역 증진**을 목적으로 한다. 한국처럼 **무역 비중이 큰 국가**에게 특히 더 **중요하다**.

2 다음 표현을 사용하여 상황에 맞게 이야기해 봅시다.

표현	상황
• 머리를 맞대다 • 머리를 모으다	가: 택배 파업 문제가 해결되었던데 들었어요? 나: _____.
• ~와/과는 담을 쌓고 살다 • ~에는 무관심하다	가: 내년 대선에 어떤 후보가 당선될까? 나: _____.
• 제법이다 • 웬만한 ~ 못지않다	가: 이거 내가 쓴 시인데, 어떤 것 같아? 나: _____.
• 큰 비중을 차지하다 • 비중이 높다	가: 각 가정의 사교육비 지출이 크다고 들었어요. 나: _____.

대화문

1 다음 대화문을 듣고 국제 무역에 대해서 이야기해 봅시다.

로안: 오늘 아침에 한국 대통령이 G20 정상 회의에 참석하기 위해 출국한다는 뉴스를 봤는데 G20이 뭐예요?

서준: *G20은 세계 주요 20개국이 세계 경제 현안에 대해 머리를 맞대고 논의하기 위해 결성한 국제기구예요. 요즘 같은 세계화 시대에는 국가 간의 우호 협력이 필요하거든요.

*G20
G7 + 유럽연합
+ 신흥 경제국 12개국

로안: 전 세계의 모든 국가가 모인다면 모를까 고작 20개국이 논의해서 세계 경제 문제 해결에 무슨 도움이 된다는 거예요?

서준: 모르는 소리 마세요. G20 참여국들은 전 세계 *교역량의 80%를 차지하고 있는 만큼 경제 분야에서 영향력이 막대해요.

*교역량 = 무역량

로안: 서준 씨는 경제 상식이 정말 풍부하군요. 저도 경제에 대해 더 알고 싶은데, 워낙 경제와는 *담을 쌓고 살아서 뭐부터 공부해야 할지 모르겠어요.

*담을 쌓다
1) 관심이 없다.
2) 관계를 끊다.

서준: 경제 공부를 하려면 경제 방송을 보는 게 가장 좋죠. 하지만 너무 어려우면 포기하기 일쑤니까 간단한 경제 기사를 보면서 용어부터 배워 보는 게 어때요?

로안: 말이 나온 김에 경제 기사 한번 볼까요? 음, 요즘 *FTA에 대한 기사가 많네요. 여기에서 언급하고 있는 FTA라는 건 뭐예요?

*FTA
(자유무역협정:
Free Trade Agreement)

서준: 아, 자유무역협정 말이군요. 영문 머리글자를 따서 FTA라고 부르는데요. 특정 국가 간의 무역을 증진시키기 위해서 체결하는 협정이에요.

로안: 그렇다면 *산업에서 무역이 차지하는 비중이 큰 한국에게는 중요한 협정이겠네요.

*한국의 무역 의존도
63.33%
(2019년 기준)

서준: 와, 로안 씨도 제법인데요. 이렇게 경제 기사에 관심을 갖고 계속 읽다 보면 저절로 공부가 될 거예요.

로안: 서준 씨 말대로 된다면야 더 바랄 게 없겠네요.

대화문

2 다음 질문에 대답해 봅시다.

1) G20이 만들어진 이유는 무엇입니까?

2) 세계 경제에 대해 논할 때 G20의 역할이 중요한 이유는 무엇입니까?

3) FTA가 무엇인지 설명해 봅시다.

4) 한국에게 FTA가 중요한 이유는 무엇입니까?

3 발음과 억양에 유의하면서 다음 문장을 읽어 봅시다.

1) 머리를 **맞대고 논의하기** 위해 **결성한** 국제기구예요.

2) 전 세계 **교역량의** 80%를 차지하고 있는 만큼… **영향력이 막대해요**.

3) **특정** 국가 **간의** 무역을 증진시키기 위해서 체결하는 **협정**이에요.

4 국제기구에 대해서 알아봅시다.

국제기구

- 어떤 국제적인 목적이나 활동을 위해 두 나라 이상의 회원국으로 구성된 조직이다.
  - WTO(세계무역기구)는 국가 간에 무역 분쟁 발생 시 분쟁을 조정하는 역할을 한다.
  - OECD(경제개발협력기구)는 회원국 간에 경제와 관련된 정보를 공유하여 각국의 경제 성장을 촉진한다.

대화문

5 함께 이야기해 봅시다.

1) 한국의 경우를 참고하여 FTA 체결이 각국의 산업에 미칠 영향에 대해 말해 봅시다.

🔍 자동차 수출

FTA 체결로 수출 대상국의 관세가 낮아지면서 한국의 자동차 수출이 호황을 맞이하였다. 그 결과 자동차 수출액은 2019년을 기준으로 FTA 체결 전에 비해 약 3배 증가했다. 또한 FTA 체결은 한국 자동차 산업의 경쟁력을 높이는 계기가 되었다.

🔍 소고기 수입

FTA 체결로 한국에 수입되는 소고기의 관세가 대폭 낮아지면서 수입산 소고기의 한국 시장 점유율이 2019년을 기준으로 50%를 넘어섰다. 그 결과 한국의 축산업이 큰 타격을 입게 되었다. 이에 한국 정부는 한국산 소고기의 경쟁력을 높이기 위해 힘을 쏟고 있다.

2) 한국의 경우를 참고하여 자국의 산업 보호를 위한 제도나 정책에 대해 말해 봅시다.

🔍 스크린 쿼터제

국내 영화 산업을 보호하기 위해 일정 기간 동안 한국 영화를 상영하도록 의무화한 제도이다. 한국 영화 산업 보호에 큰 역할을 했다는 긍정적인 평가가 있는 반면 장기적으로는 영화 산업의 경쟁력을 약화시키게 될 것이라는 부정적인 평가도 있다.

🏠 필요한 정보를 찾아서 메모해 봅시다.

심화 표현

1 다음 어휘를 알아봅시다.

1) 증진(增進): 기운이나 세력이 점점 더 늘어 가고 나아감

'진(進)'은 '나아가다', '오르다'는 뜻을 나타내는 한자어이다. 새가 날아오르는 모습을 표현한 글자로 앞으로 나아간다는 의미를 가진다.

예 진학, 추진, 선진국, 진급, 승진

다음 신문 기사의 제목을 보고 내용을 말해 봅시다.

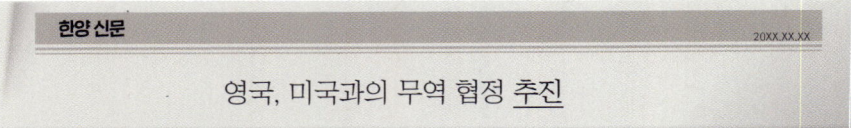

한양 신문 　20XX.XX.XX
영국, 미국과의 무역 협정 **추진**

2) 맞대다(맞-대다): 서로 가깝게 마주 대하다

접사 '맞-'은 '마주' 또는 '서로 엇비슷한'의 뜻을 더하는 접두사이다. 일부 명사나 동사에 붙여 사용한다.

예 맞벌이, 맞들다, 맞붙다, 맞바꾸다

다음 신문 기사의 제목을 보고 내용을 말해 봅시다.

한양 신문 　20XX.XX.XX
통신사, 서비스 경쟁으로 **맞붙다**

2

1 -(으)면 모를까

- 예외적인 경우에는 달라질 수 있겠지만 현재 상황에서는 그럴 수밖에 없음을 강조하여 말할 때 사용한다.
- 명사나 동사, 형용사에 붙여 사용한다.
- 앞 절에는 예외적인 경우를 가정하여 적고, 뒤 절에는 실제 상황을 적는다.

예문
- 가격이 싸면 모를까 디자인도 평범해서 상품성이 없을 것이다.
- 관계가 철폐되면 모를까 대미 수출이 증가하지는 않을 것이다.

1 다음을 '-(으)면 모를까'를 사용하여 연결해 봅시다.

1) 사고가 나다 • • ㈎ 독감 예방 주사는 맞는 것이 좋다.

2) 면역력이 강하다 • • ㈏ 현재로써는 투자 전망이 비관적이다.

3) 복권에 당첨되다 • • ㈐ 지금 내 월급으로는 대출금을 갚기가 쉽지 않다.

4) 경제 지표가 호전되다 • • ㈑ 지하철은 운행 시간을 어기는 경우가 거의 없다.

2 '-(으)면 모를까'를 사용하여 현재 상황에서는 그럴 수밖에 없음을 나타내는 문장을 만들어 봅시다.

문법과 표현

2 -기(가) 일쑤(이)다

친구가 탄 비행기가 6시에 도착 예정이었는데 아직도 도착을 안 했어요.

날씨가 안 좋으면 비행기가 연착되기 일쑤니까 걱정하지 마세요.

- 바람직하지 못한 상황이 자주 반복되어 일어남을 말할 때 사용한다.
- 동사에 붙여 사용한다.
- 보통 앞 절에는 그런 일이 반복되는 이유나 상황적 조건을 적고 뒤 절에는 반복되어 일어나는 바람직하지 못한 일을 적는다.

예문
- 유가가 오르면 물가도 오르기 일쑤다.
- 계약직 직원들은 고용이 불안정하다 보니 해고당하기 일쑤다.

1 다음을 '-기(가) 일쑤(이)다'를 사용하여 연결해 봅시다.

1) 건망증이 심한지라 • • (가) 물건을 두고 나오다

2) 기계가 노후되어서 • • (나) 전기 요금 연체료를 내다

3) 납부 기한을 잊어버려서 • • (다) 회사 상사에게 야단맞다

4) 일 처리를 깔끔하게 못해서 • • (라) 장시간 작동시키면 멈춰 버리다

2 '-기(가) 일쑤(이)다'를 사용하여 자주 일어나는 일에 대한 문장을 만들어 봅시다.

_____

문법과 표현

3 -(ㄴ/는)다면야

내가 회사에 취직하면 집을 살 수 있을까?

연봉이 높은 회사에 취직한다면야 살 수 있겠지.

- 조건만 충족된다면 어떤 일이 당연히 가능함을 말할 때 사용한다.
- 명사나 동사, 형용사에 붙여 사용한다.
- 앞 절에는 뒤에 이어지는 내용이 벌어질 수 있는 상황적 조건을 적고, 뒤 절에는 당연히 예상되는 일이나 행동을 적는다.

예문
- 경제 상황이 좋아진다면야 투자가 훨씬 늘어날 것이다.
- 품질만 좋다면야 브랜드 인지도가 낮아도 많이 판매할 수 있을 것이다.

1 다음을 '-(ㄴ/는)다면야'를 사용하여 연결해 봅시다.

1) 스펙이 좋다 • • (가) 취업하는 데 문제가 없겠죠.

2) 비만 내리지 않다 • • (나) 상품이 단종되지 않을 거예요.

3) 소비자들이 계속 찾다 • • (다) 지금보다 매연을 줄일 수 있겠죠.

4) 승용차 요일제를 의무화하다 • • (라) 행사가 차질 없이 진행될 겁니다.

2 '-(ㄴ/는)다면야'를 사용하여 일이 이루어지기 위한 조건에 대한 문장을 만들어 봅시다.

심화 표현

1 다음 한자성어를 알아봅시다.

1) 속수무책(束手無策)

손이 묶인 것처럼 어찌할 방법이 없어 꼼짝 못한다는 뜻으로 문제가 생겼는데 아무것도 할 수 없는 답답한 상황을 가리킬 때 사용한다.

예) 갑자기 내리는 폭우에 **속수무책**이었다.
예) 그 나라에서 원유 수출을 중단하면 **속수무책**으로 당할 수밖에 없다.

다음 신문 기사의 제목을 보고 내용을 말해 봅시다.

한양 신문 20XX.XX.XX
치솟는 환율, 기업은 '**속수무책**'

2) 괄목상대(刮目相對)

눈을 비비고 상대방을 본다는 뜻으로 상대방의 능력이나 성과가 놀랄 만큼 좋아져서 다시 볼 정도인 상황을 말할 때 사용한다.

예) 그 나라의 경제는 최근 몇 년간 **괄목상대**했다.

다음 신문 기사의 제목을 보고 내용을 말해 봅시다.

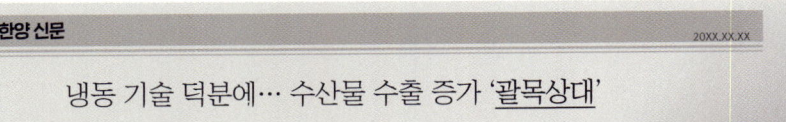

한양 신문 20XX.XX.XX
냉동 기술 덕분에… 수산물 수출 증가 '**괄목상대**'

듣고 말하기 1

1 듣기 활동을 하기 전에 함께 이야기해 봅시다.

1) 다음 그림을 보고 '나비효과'가 어떤 현상을 말하는지 추측해 봅시다.

2) 다음을 보고 가뭄과 물가 상승과의 관계를 말해 봅시다.

가뭄 ➡ 흉년 ➡ 콩(돼지의 사료) 값 상승 ➡ 돼지고기 값 상승

2 내용을 듣고 문제를 풀어 봅시다.

1) '나비효과'에 대한 설명으로 맞으면 O, 틀리면 X 하십시오.

① 기상 현상을 분석하는 과정에서 유래한 말이다. (   )
② 나비효과로 인해 기후 변화가 발생하게 되었다. (   )
③ 나비효과는 국가 간 상호 협력과 의존도에 비례한다. (   )
④ 중국 남부 지역의 폭설은 나비효과 때문에 발생하였다. (   )

2) 세계화가 심화될수록 나비효과가 더 강력해질 것으로 예상되는 이유는 무엇입니까?

_____

3) '나비효과'의 예를 순서에 맞게 빈칸에 알맞은 말을 쓰십시오.

① 폭설 ➡ ② 중국 석탄 생산 _____ ➡ ③ 중국 석탄 수출 _____ ➡

④ 석탄의 국제 가격 _____ ➡ ⑤ 철강, 조선, 자동차 등의 제품 가격 _____

듣고 말하기 1

3 듣기 활동이 끝난 후에, 다음을 참고하여 자신의 생각을 말해 봅시다.

> 오늘날 나비효과는 _____(으)로 인해 더욱 거세질 것으로 보인다.

4 다음을 보고 나비효과의 사례를 소개해 봅시다.

원인	과정	결과
지열 발전소 건설	지진 발생	대입 시험 연기
SNS에 업로드한 유명 연예인의 사진	그 연예인이 착용한 팔찌 매출 증대	해당 팔찌를 판매하는 중소기업 기사회생

📖 참고하기

1) 미국의 한 기상학자는 **기상 현상**을 분석하는 과정에서
                          대기 속에서 일어나는 비, 바람, 눈 등의 현상
   예) 지구 온난화는 전 지구의 기상 현상에 영향을 끼친다.

2) 국가 간 **상호 협력**과 **의존도**가 커져감에 따라
          서로 힘을 합쳐 도움   다른 것에 의지하는 정도
   예) 환율이 오르면 수입 의존도가 높은 제품들의 가격이 크게 오를 전망이다.

3) 지구촌 **한구석**의 **미미한 변화**가
       외지고 잘 드러나지 않는 지역   보잘것없는 아주 작은 변화
   예) 담뱃값이 인상되었으나 흡연율의 변화는 미미한 것으로 나타났다.

듣고 말하기 2

1 듣기 활동을 하기 전에 함께 이야기해 봅시다.

1) 한국의 식량 자급률과 곡물 자급률의 변화에 대해 알아보고, 세계 각국의 식량 자급률 현황에 대해 말해 봅시다.

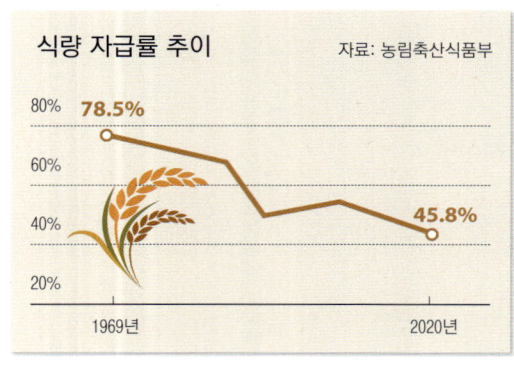

2) 다음 제시어를 보고 식량 자급률이 떨어지면 발생할 수 있는 현상에 대해서 이야기해 봅시다.

식량 가격	수출입	국제 관계
급등/급락	급증/급감	식량의 무기화

2 내용을 듣고 문제를 풀어 봅시다.

1) 한국의 식량 자급 현황에 대한 설명으로 틀린 것은 무엇입니까?

　① 식량 자급률이 1960년대에 비해 감소하였다.

　② 현재 밀가루는 국내에서 거의 생산되지 않고 있다.

　③ 정부에서는 주식인 쌀의 생산량 중 90% 이상을 수입하고 있다.

　④ 국내에 유통되는 잡곡류는 국내산보다 수입산이 많다.

2) 최근 한국의 식량 자급률이 급락하게 된 주원인 두 가지는 무엇입니까?

　_____ , _____

3) 식량 수입에 대한 의존도가 높아질 경우 우려되는 바는 무엇입니까?

　_____

듣고 말하기 2

3 듣기 활동이 끝난 후에, 다음을 참고하여 자신의 생각을 말해 봅시다.

> 식량 자급률을 높여야 하는 이유는 _____ 때문이다.

4 다음을 보고 무기화 가능성이 있는 자원에 대해 말해 봅시다.

🔍 **에너지의 무기화**
천연가스나 원유의 대부분을 수입하는 나라에서는 수입에 차질이 생기면 산업에 큰 타격을 받을 수밖에 없다. 이에 수입에 의존하지 않아도 되는 방안을 찾기 위해 노력하고 있다.

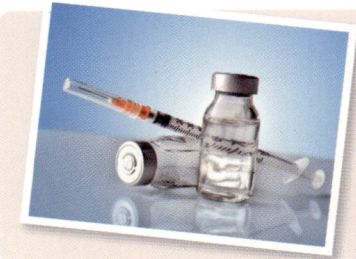

🔍 **의약품의 무기화**
세계적으로 전염병이 유행하는 상황에서는 얼마나 빨리 충분한 의약품을 확보하느냐가 중요하다. 따라서 필수 의약품의 공급망 다변화와 국산화가 필요하다는 목소리가 커지고 있다.

ℹ 참고하기

1) 식량 자급 문제에 대해 한번 **짚어 보도록** 하겠습니다.
                            어떤 일을 따져 보다
   - 예) 우리는 그 일이 실패한 원인을 짚어 보았다.

2) 1960년대에는 80%**에 육박했던** 식량 자급률이
                         어떤 수치나 수준에 가까이 다가서다
   - 예) 올해 김치의 수출은 1억 달러에 육박한 것으로 나타났다.

3) 그런 **경우에 대비해**
              앞으로 일어날 수 있는 상황에 대해 미리 준비하여
   - 예) 화재가 날 경우에 대비해 소화기를 사 두었다.

3

1 읽기 활동을 하기 전에 다음을 확인해 봅시다.

1) 커피콩의 생산지가 일부 지역에 한정되어 있는 이유에 대해 알아봅시다.

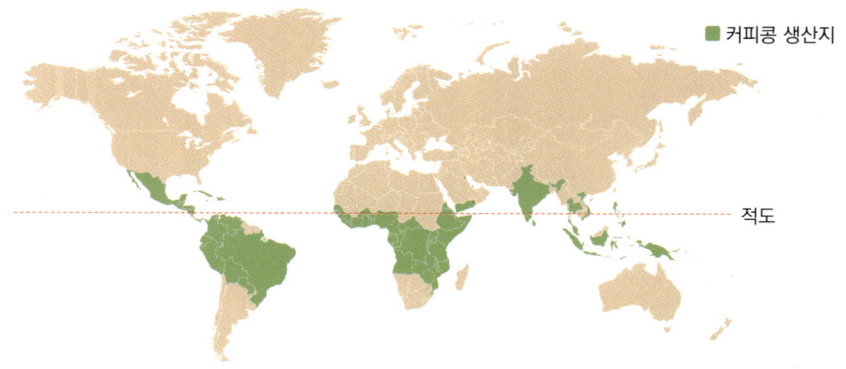

2) 다음 어휘를 알아봅시다.

| 기호 식품 – 생활필수품   불합리하다 – 정당하다   공감하다 – 외면하다 |

2 다음 글을 읽고 각 단락의 주제문을 찾아봅시다.

공정 무역 커피가 성공하려면

현대 사회에서 커피는 기호 식품을 넘어 생활필수품으로 자리를 잡은 지 오래다. 전 세계에서 소비되는 커피콩은 적도 근처의 일부 지역에서만 생산되어 무역을 통해 유통된다. 현재 전 세계 커피의 일일 소비량은 25억 잔에 이르는데, 이 수치로만 본다면 커피콩을 생산하는 이들 지역 농가의 소득이 엄청날 듯싶지만 실상은 그렇지가 않다. 커피 판매 이윤의 99%는 다국적 기업인 가공업자와 판매업자, 중간 상인이 차지한다. 소비자가 커피 한 잔을 마시면서 내는 돈 가운데 커피콩을 생산하는 농가의 몫으로 돌아가는 것은 고작 0.5%에 불과한 것이다.

1 (   )

이처럼 불합리한 이윤 분배 문제를 해결하기 위해 등장한 것이 공정 무역이다. 공정 무역이란 정당한 수익을 커피콩 농가에 돌려주기 위해 적정 가격에 상품을 구입하는 거래 시스템을 말한다. 공정 무역을 통해 유통되는 커피는 <u>제값을 치르고</u> 거래한다는 뜻의 '공정 무역 커피'라고 불린다. 또 이 커피는 일명 '착한 커피'라고도 불리는데 그 이유는 소비자가 공정 무역 커피를 구매하는 것만으로도 생산자의 권리를 보호하고, 어려운 환경에 놓인 농가를 도울 수 있기 때문이다.

2 (   )

읽고 쓰기

보통 소비자들은 이러한 취지에 공감하며 공정 무역 커피를 기꺼이 사겠다고 말한다. 하지만 막상 구입할 때에는 이런 제품을 외면하기 일쑤다. 이것을 '30:3' 현상이라고 하는데, 이는 소비자의 30%가 물건을 살 때 제조·판매업체의 사회적 책임 정책을 고려한다고 말하지만 실제로 그런 제품을 구매하는 소비자는 3% 미만에 그치고 있음을 뜻한다. 이 같은 현상의 원인은 소비자들의 공정 무역에 대한 인식 부족과 공정 무역을 <u>표방한</u> 제품이 정말 '착한' 제품인지를 확신하지 못하는 데에 있다.

3 ( )

공정 무역이 활성화되기 위해서는 홍보를 통해 공정 무역에 대한 인식을 높이고 소비자들의 공정 무역 상품에 대한 의심을 해소해 주어야 한다. 이러한 노력은 공정 무역 상품에 대한 소비자들의 적극적인 구매로 이어질 것이고, 대기업과 다국적 기업의 변화도 이끌어낼 것이다. <u>그때야 비로소</u> 공정 무역 커피가 진정한 성공을 거두었다고 할 수 있을 것이다.

4 ( )

🔍 **각 단락의 주제문을 찾아봅시다.**

㉮ 인식 부족과 의심 때문에 실제로 공정 무역 커피를 구매하는 소비자는 많지 않다.
㉯ 커피의 판매량에 비해 커피콩 농가들이 얻는 수익은 상당히 적다.
㉰ 농가에게 정당한 수익을 돌려주기 위해 공정 무역 커피가 생겨났다.
㉱ 공정 무역이 성공하기 위해서는 소비자들의 인식을 높이고 의심을 해소해 줘야 한다.

ⓘ 참고하기

1) 제값을 치르다   물건의 가치에 맞는 돈을 내다
   예 직원의 말에 현혹돼서 제값보다 비싼 값을 치른 것 같다.

2) 을/를 표방하다   어떤 명목을 붙여 자신의 주장을 내새우다
   예 호주는 다문화 사회를 표방하며 이민자들을 받아들이고 있다.

3) 그때야 비로소   어떤 일을 계기로 하여 마침내
   예 그녀는 딸을 낳았다. 그때야 비로소 어머니의 마음을 이해하게 됐다.

읽고 쓰기

3 다음 질문에 답해 봅시다.

1) 공정 무역 커피가 탄생하게 된 배경은 무엇입니까?

2) '착한 커피'에서 '착하다'의 의미는 무엇입니까?

3) 30:3 현상이 나타나는 원인은 무엇입니까?

4) 공정 무역 커피가 진정한 성공을 거두려면 어떤 노력이 필요합니까?

4 다음 표현으로 주제문을 연결하여 글을 요약해 봅시다.

| 그러나 | 따라서 | 이로 인해 |

| 요약하기 | |

5 공정무역마을(Fair Trade Towns)에 대해 알아봅시다.

출처: 경기도청

🔍 공정무역마을

전 세계적인 지역 사회 운동으로 공정 무역에 대한 인식을 높이고 공정 무역 판매량을 증가시키는 것을 목적으로 한다. 공정무역마을이 되기 위해서는 지역 의회의 지지, 지역 매장의 접근성 확장, 다양한 공동체에서 공정 무역 제품 활용, 그리고 미디어 홍보와 공정 무역 위원회 구성이라는 다섯 가지 조건을 충족시켜야 한다. 한국에서는 2017년 인천을 시작으로 2021년까지 11개의 도시가 인증을 받았다.

읽고 쓰기

6 윗글의 구조를 알아봅시다.

도입	**배경 제시: 공정 무역의 등장 배경** • 현재 전 세계 커피의 일일 소비량으로 본다면 커피콩 생산 농가의 소득이 엄청날 듯싶지만 실상은 그렇지가 않다. • 커피콩 생산 농가의 몫으로 돌아가는 것은 고작 0.5%에 불과한 것이다.
전개	**쟁점 소개: 공정 무역** • 불합리한 이윤 분배문제를 해결하기 위해 등장한 것이 공정 무역이다. • 공정 무역이란 정당한 수익을 커피콩 농가에 돌려주기 위해 적정 가격에 상품을 구입하는 거래 시스템을 말한다. • 공정 무역을 통해 유통되는 커피는 제값을 치르고 거래한다는 뜻의 '공정 무역 커피'라고 불린다. **쟁점 분석: 공정 무역의 한계** • 보통 소비자들은 공정 무역 커피를 사겠다고 말하지만 막상 구입할 때에는 이런 제품을 외면하기 일쑤다. • 이 같은 현상의 원인은 소비자들의 공정 무역에 대한 인식 부족과 공정 무역을 표방한 제품이 정말 '착한' 제품인지를 확신하지 못하는 데에 있다.
마무리	**주장: 보완책 제안** • 공정 무역이 활성화되기 위해서는 이에 대한 인식을 높이고 상품에 대한 소비자의 의심을 해소해 주어야 한다. • 이러한 노력은 소비자들의 구매로 이어질 것이고, 대기업의 변화도 이끌어 낼 것이다. • 그때야 비로소 공정 무역 커피가 진정한 성공을 거두었다고 할 수 있을 것이다.

읽고 쓰기

7 윗글의 구조를 참고하여 칼럼을 써 봅시다.

> **칼럼이란?**
> 신문이나 잡지에서 전문가가 사회적인 이슈에 대해 짧게 평한 글을 말한다. 비교적 형식이 자유롭다는 특징이 있다.

1) 주제 정하기

2) 개요 짜기

도입	배경 제시
전개	쟁점 소개
	쟁점 분석
마무리	주장

3) 작문하기

4) 자기 평가와 수정하기

체크리스트 | 네 | 아니요
① 글의 주제가 잘 드러나는가? □ □
② 도입, 전개, 마무리로 단락이 잘 나누어졌는가? □ □
③ 칼럼의 구조를 잘 갖추고 있는가? □ □
④ 글의 주제에 맞는 고급의 어휘와 표현을 사용하였는가? □ □
⑤ 문장의 호응과 시제, 맞춤법이 정확한가? □ □

주제 토론

1 국가 간 무역이 활발해지면서 자유 무역과 보호 무역에 대한 찬반 논쟁이 커지고 있습니다. 다음을 참고하여 이에 대해 어떻게 생각하는지 자신의 의견을 말해 봅시다.

1) 다음 뉴스 자료를 확인해 봅시다.

사례
자유무역협정 체결 후 5년 간 농업 피해 1.8조

2) 어떤 주장이 합리적인지 생각해 보고 자신의 입장을 정해 봅시다.

주장	
☐ 자유 무역을 해야 한다.	☐ 보호 무역을 해야 한다.

3) 주장의 근거를 찾아서 정리해 봅시다.

근거	
자유 무역을 해야 한다	**보호 무역을 해야 한다**
• 개방화, 세계화 등 세계 경제 흐름에 동참하고 국가 경제를 발전시켜야 한다. • •	• 국가 간 경제 수준의 차이로 인한 피해를 막고 자국의 산업을 보호해야 한다. • •

4) 다음 표현을 사용하여 자유 무역과 보호 무역에 대해 토론해 봅시다.

> 💬 **주장을 다시 정리하여 설명할 때 사용하는 표현**
> - 즉/다시 말하면/다시 말해서/다시 말씀드리면
> - 요약해서 말하면/의견을 종합하면/지금까지의 내용을 정리하면
> - 한 마디로 제 주장은 -(ㄴ/는)다는 것입니다.
> - 제 주장은 -(이)라는 것을 다시 한 번 말씀드립니다.

4

1 시각 자료를 활용한 PPT의 구성에 대해서 알아봅시다.

1) 시각 자료의 종류

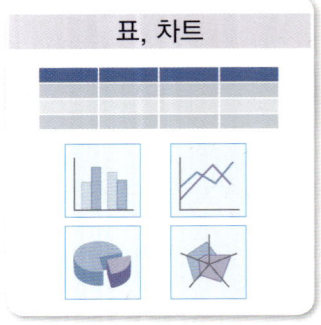
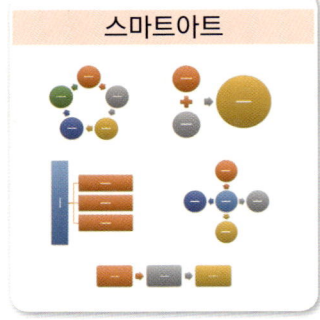

2) 시각 자료 활용 시 유의 사항

① **표, 차트**
- 발표 내용을 시각화하여 제시할 때 활용한다.
- 문자 텍스트는 핵심 내용만으로 최대한 간단하게 제시한다.
- 항목이 서로 구별되도록 색상을 다르게 한다.

② **스마트아트(SmartArt)**
- 원인과 결과, 선후 관계 등 연결되는 내용을 제시할 때 활용하면 좋다.
- 전달하고자 하는 내용의 특성에 맞는 유형을 선택한다.
- 진행 과정을 제시할 때 흐름도를 활용하면 효과적이다.

③ **애니메이션**
- 시간 차로 정보를 보여 주거나 중요한 내용을 강조할 때 활용한다.
- 애니메이션 효과를 지나치게 넣으면 집중력을 떨어뜨린다.
- 말하는 속도와 애니메이션 효과의 속도가 같도록 주의해야 한다.

학술적 말하기

2 한국의 경제 기사를 읽고 세계 각국의 경제 기사를 소개해 봅시다.

1) 한국의 경제 기사를 읽어 봅시다.

> 한양일보
>
> **한 달에 1만 대씩 팔리는 전기차, 소비자도 이젠 친환경 차 선호**
>
> 국내 자동차 시장에서 판매되는 자동차 중 친환경 차량의 비중이 26.7%로 역대 최고 기록을 경신했다. 정부의 발표에 따르면 지난달 국내에 판매된 친환경 차는 전년 대비 24.8% 증가한 것으로 나타났다. 업계 관계자는 각국 정부가 배출 가스 규제를 강화하는 상황에서 친환경 차의 판매 증가는 긍정적인 현상이라고 밝혔다.

2) 세계 각국의 경제 기사의 제목을 한국어로 바꾸고 내용을 소개해 봅시다.

- 신문 기사 제목의 특징에 대해 알아봅시다.

생략이 많다	의미 함축이 잦다
• 서술어 일부 혹은 전체가 생략된다. • 연결 어미가 생략되고 쉼표로 대신한다. • 격조사(주격, 목적격, 소유격)가 생략된다.	• 의태어, 의성어가 많다. • 보조사(도, 만, 으로)는 생략되지 않는다. • 한자어, 사자성어, 신조어, 관용 표현이 자주 쓰인다.

- 내용을 정리해서 발표해 봅시다.

> **TIP**
> 인터넷의 내용을 그대로 인용하지 말고, 청중들이 이해할 수 있는 수준으로 정리한다.

학술적 글쓰기

표지	본문			참고 문헌
• 제목 • 목차	**서론** • 연구 배경 • 연구 목적	**본론** • 연구 대상과 연구 방법 • 연구 결과와 분석	**결론** • 요약 및 정리 • 의의와 한계점	

〈연구 보고서의 구성〉

1 연구 보고서의 결론에 대해서 알아봅시다.

- 결론은 보고서의 마지막 부분으로 연구 내용을 종합적으로 요약·정리하고 연구의 의의 및 한계를 밝힌 다음 전망이나 기대로 마무리한다.

1) 서론 요약·정리
- 연구의 배경과 목적을 한 문장으로 간단하게 정리하여 적는다.
- 서론을 요약·정리할 때에는 다음과 같은 격식적인 표현을 사용한다.

서론 요약·정리	• 본 연구는 ~을/를 대상으로 인터뷰/설문 조사를 실시하여 ~을/를 알아보고자/살펴보고자/비교해 보고자 하였다

2) 본론 요약·정리
- 연구 내용과 분석을 정리하여 연구 목적에 맞는 결과가 나타나도록 적는다.
- 연구 목적이 국적별, 성별, 세대별 차이를 밝히는 데 있었다면 그 차이점과 그에 대한 분석이 분명히 드러나도록 적는다.
- 연구 결과와 분석 부분에서 쓴 내용을 그대로 반복하지 않도록 한다.
- 연구의 본론을 요약·정리할 때에는 다음과 같은 격식적인 표현을 사용한다.

본론 요약·정리	• 이번 연구/인터뷰/설문 조사를 통해 ~을/를 알 수 있었다 • 인터뷰 결과를 확인하기 전에는/연구 전에는 ~을 것이라고 예상했는데 예상과는 달리 • 이러한 결과는 의외의 결과이다/예상하지 못한 결과이다 • 이러한 결과는 예상과 다르지 않은 결과이다 • 이와 같은 결과는/이러한 결과가 나타난 것은 ~ 때문인 것으로/~에서 기인한 것으로 보인다

학술적 글쓰기

3) 연구 의의 및 한계점
- 연구의 가치와 중요성, 그리고 한계점과 후속 연구에 대한 내용을 적는다.
- 연구의 의의와 한계점을 작성할 때에는 다음과 같은 격식적인 표현을 사용한다.

연구 의의와 한계점	• 본 연구는 -(ㄴ/는)다는 점에서 의의가 있다 • 이번 연구에서는 ~에 대해서는 조사할 수 없었다/-(ㄴ/는)다는 점에서 한계가 있었다 • ~을/를 통해 ~을/를 확인할 수 있었으나 -(ㄴ/는)다는 점에서 한계가 있다 • 이후의/후속 연구에서는 -(으)ㄴ/는 것이 필요하다/필요할 것으로 보인다

4) 전망이나 기대
- 결론의 마무리로 연구 주제와 관련하여 앞으로의 전망이나 기대에 대해서 적는다.
- 전망과 기대를 작성할 때에는 다음과 같은 격식적인 표현을 사용한다.

전망이나 기대	• 현재는 -는 추세이다 • ~을/를 것으로 예상된다/기대된다 • -기를 기대해 본다 • ~을/를 위해 노력해야 할 것이다

결론 예시

　본 연구에서는 한국인과 일본인을 대상으로 인터뷰를 실시하여 양국의 학력에 대한 인식을 비교해 보고자 하였다. 이번 인터뷰를 통해 한국과 일본 양국 모두 학력을 중시하는 사회라는 것을 알 수 있었다. 인터뷰 결과를 확인하기 전에는 한국이 일본보다 더 학력을 중시할 것이라고 예상했는데, 예상과는 달리 두 사회가 학력을 중시하는 정도에는 큰 차이가 없었다. 특히 학력보다 학벌을 더 중시한다는 점과, 취업을 할 때 학력과 학벌이 큰 영향을 미친다는 점에서 공통점이 나타났다. 이와 같은 결과는 한국과 일본이 비슷한 사회 구조와 교육 체계를 가지고 있는 데에서 기인한 것으로 보인다.

　본 연구는 한국과 일본의 학력에 대한 인식 차이가 크지 않음을 밝혔다는 점에서 의의가 있다. 그렇지만 한국인과 일본인 모두 2명씩만 인터뷰를 하여 이들의 의견이 양국 사람들의 의견을 대표하지는 못한다는 점에서 한계를 보인다. 또한 연구 대상자의 연령이 20대로 한정되어 있어 더 다양한 연령을 대상으로 한 후속 연구가 필요할 것으로 보인다.

　현재 전 세계적으로 학력이나 학벌보다는 개인의 능력을 중시하는 사회로 바뀌는 추세이다. 따라서 한국과 일본 사회도 머지않아 학력보다는 개개인의 능력으로 인정받는 사회가 되기를 기대해 본다.

8 한반도의 정세

학습 목표

남북 문제를 이해하고
한반도의 정세에 대해 말할 수 있다.

학습 내용

1
- 도입 | 남북한의 분단 체제
- 어휘와 표현 | 남북통일의 필요성
- 대화문 | 남북통일의 전망과 과제

2
- 문법과 표현 | ① -(ㄴ/는)다 뿐이지
  ② -는 한이 있더라도
  ③ -되
- 듣고 말하기 | ① 이산가족 문제
  ② 대체복무제

3
- 읽고 쓰기 | 하근찬, '수난이대'
- 주제 토론 | 남북통일, 적극론과 신중론

4
- 학술적 말하기 | 발표의 평가 항목
- 학술적 글쓰기 | 참고 문헌, 검토 및 자가 평가

MP3 Streaming

1

1 남북 분단의 역사를 알아봅시다.

1948. 8. 15.
대한민국 정부 수립

1950. 6. 15.
한국 전쟁 발발

1953. 7. 27.
휴전 협정 체결

현재
남북 분단 상태

 세계 각국의 근현대사에서 중요한 사건을 소개해 봅시다.

2 남한과 북한의 체제에 대해서 알아봅시다.

조선 민주주의 인민 공화국(북한)
정치 제도: 사회주의
경제 체제: 공산주의
행정부 수반: 국무위원회 위원장
행정 구역: 직할시 1개, 특별시 2개, 도 9개

대한민국(남한)
정치 제도: 민주주의
경제 체제: 자본주의
행정부 수반: 대통령
행정 구역: 특별시 1개, 광역시 6개, 도 8개
특별자치시 1개, 특별자치도 1개

 세계 각국의 체제에 대해서 소개해 봅시다.

어휘와 표현

1 다음 표현을 사용하여 남북통일의 필요성에 대해 말해 봅시다.

분단 상태 → 통일 후

- 이념적·문화적 차이
- 이산가족 문제
- 국토 불균형 발전
- 군사적 긴장감 고조
- 국가 위상 격하

- 외교적 노력
- 경제 협력
- 민간 교류

↓ 남북통일

- 민족적 동질성 회복
- 이산가족 상봉
- 국토 균형 발전
- 군사적 긴장감 해소
- 국가 위상 제고

 한반도의 분단 상태가 지속된다면 남·북한의 **이념적·문화적 차이**가 심화될 것이다. 따라서 **외교적 노력과 경제 협력, 민간 교류**를 통해 남북통일을 이뤄 **민족적 동질성 회복**을 해야 할 것이다.

2 다음 표현을 사용하여 상황에 맞게 이야기해 봅시다.

표현	상황
• –(으)ㄹ 기미가 안 보이다 • –(으)ㄹ 조짐이 없다	가: 남한과 북한 사이의 냉각기가 언제쯤 끝날까요? 나: _____.
• 불가분의 관계다 • 동전의 양면과 같다	가: 저 기업은 위기를 기회로 이용하여 성공했대요. 나: _____.
• ~을/를 거울삼다 • ~을/를 교훈 삼다	가: 우리가 역사를 배워야 하는 이유가 뭐라고 생각하십니까? 나: _____.
• ~의 물꼬를 트다 • ~의 마중물이 되다	가: 이번 협상을 계기로 양국의 교류가 활발해졌으면 합니다. 나: _____.

대화문

1 다음 대화문을 듣고 남북통일의 전망과 과제에 대해 이야기해 봅시다.

사회자 이제까지 한반도를 둘러싼 *이해 관계국에 대한 이야기를 해 보았는데요. 다음은 최근의 남북 관계에 대한 의견을 들어보도록 하겠습니다.

대담자1 요즘 남북 관계가 안 좋아지면서 한반도에 군사적 긴장감이 고조되고 있습니다. *휴전선 인근에서 불미스러운 사건도 부쩍 늘었고요. 핵 문제만 하더라도 벌써 십수 년이 지나도록 해결될 기미조차 안 보이고 있지요.

대담자2 저는 생각이 좀 다른데요. 최근 여러 민감한 문제들이 발생하면서 정부 차원에서의 남북 대화가 잠정적으로 중단되었다 뿐이지 *인도주의적 차원에서의 민간 교류는 여전히 활발히 이루어지고 있지요. 따라서 남북 당국 간 대화는 머지않아 재개될 거라고 봅니다.

사회자 남북 관계에 대해서는 두 분의 시각이 다소 다른 것 같은데요. 통일에 대해서는 어떻게 전망하십니까?

대담자1 통일 문제와 남북 관계는 불가분의 관계라고 볼 수 있는데요. 남북 관계가 단순하지 않듯이 통일에 대한 국민들의 의견이 분분한 것이 사실이고 그만큼 신중하게 접근해야 한다고 봅니다.

대담자2 저도 그 점에 대해서는 같은 생각입니다. 전쟁과 분단으로 인해 생이별한 *이산가족들의 입장을 생각하면 하루라도 빨리 통일이 돼야겠지요. 하지만 통일을 지속적으로 추진하되 통일 후의 문제들에 대해 미리 대비할 필요가 있습니다.

대담자1 그런 점에서 *독일 통일이 시사하는 점이 많다고 생각합니다. 특히 통일 과정에서 발생한 통일 비용이나 사회적 통합 문제는 우리에게 좋은 전례가 될 것 같습니다.

대담자2 그렇죠. 실제로 독일의 통일 과정에 대한 연구가 한국에서도 활발히 이루어지고 있지 않습니까? 독일의 경우를 거울삼아 통일이 좀 늦어지는 한이 있더라도 통일로 인해 야기될 수 있는 혼란을 최소화하기 위한 준비를 해야 한다고 봅니다.

사회자 남북 관계나 통일 문제에 대해서는 어느 것 하나 쉬운 것이 없는 것 같습니다. 남북 교류의 물꼬를 트는 계기가 하루빨리 마련됐으면 합니다.

---

*이해 관계국
서로 이익과 손해에 직간접적으로 관계가 있는 국가

*인도주의
국가, 민족, 종교를 떠나서 인간을 가장 최우선의 가치로 생각하는 주의

*이산가족
약 13만 명
(2021년 기준)

*독일 통일
1990년 10월 3일 제2차 세계 대전 이후 서독과 동독으로 분단되었던 독일이 통일한 일

대화문

2 다음 질문에 대답해 봅시다.

1) 이 대담이 벌어지기 이전에 두 대담자는 어떤 주제로 이야기를 나눴습니까?

2) 남북 관계에 대한 두 대담자의 의견이 어떻게 다릅니까?

3) 통일 문제에 대해서 두 대담자는 어떤 점에서 의견 일치를 보이고 있습니까?

4) 독일 통일의 사례에서 한국이 참고해야 할 사항은 어떤 것들이 있습니까?

3 발음과 억양에 유의하면서 다음 문장을 읽어 봅시다.

1) **핵 문제**만 하더라도 **십수 년이** 지나도록 해결될 기미조차 안 보이고 있지요.

2) 남북 관계가 단순하지 **않듯이** … **국민들의** 의견이 **분분한 것이** 사실이고

3) 통일 비용이나 사회적 **통합 문제**는 우리에게 좋은 **전례가** 될 것 같습니다.

4 남북 정상 회담에 대해서 알아봅시다.

남북 정상 회담

- **2000년 6월 15일 남북 정상 회담**
  김대중 대통령과 김정일 위원장이 평양에서 만나 회담을 개최하였다.

- **2007년 10월 4일 남북 정상 회담**
  노무현 대통령과 김정일 위원장이 평양에서 만남을 가졌다.

- **2018년 4월, 5월, 9월 남북 정상 회담**
  문재인 대통령과 김정은 위원장이 판문점에서, 그리고 평양에서 3차례 만나 회담을 개최하였다.

대화문

5 함께 이야기해 봅시다.

1) 남북통일로 기대할 수 있는 긍정적 효과에 대해서 이야기해 봅시다.

🔍 **남북 철도망 연결 사업**

남북통일 후 남북의 철도망이 연결된다면 중국 횡단 철도, 시베리아 횡단 철도와 연계하여 유럽의 파리·런던까지 기차로 갈 수 있게 된다. 이렇게 되면 한국은 반도로서의 지리적 이점을 충분히 활용하게 되어 무역 등에서 큰 이익을 얻을 것으로 기대된다.

2) 남북통일로 발생할 수 있는 문제와 대책에 대해 이야기해 봅시다.

🏠 필요한 정보를 찾아서 메모해 봅시다.

심화 표현

1 다음 어휘를 알아봅시다.

1) 당국(當國): 일이 있는 바로 그 나라

'당(當)'은 '바로 그, 바로 이, 지금' 등의 뜻을 나타내는 접두사이다. 명사 앞에 붙여서 사용한다.

예) 당시, 당장, 당사자, 당면하다

다음 신문 기사의 제목을 보고 내용을 말해 봅시다.

> **한양 신문**   20XX.XX.XX
> 축구 선수 OOO, 월드컵 **당시** 유니폼 모교에 기증

2) 활발히(활발-히) : 어떤 일이 힘차며 시원스럽게

'-히'는 일부 형용사 뒤에 붙어, '그러한 상태로'의 뜻을 더하는 접미사이다. 형용사에 접미사 '-히'가 붙으면 부사가 된다는 특징이 있다.

예) 뻔히, 무사히, 나란히, 확연히

다음 신문 기사의 제목을 보고 내용을 말해 봅시다.

> **한양 신문**   20XX.XX.XX
> 사무실에 있는 것 **뻔히** 알고도 범죄자 못 잡은 경찰

2

1 -(ㄴ/는)다 뿐이지

- 반대 의견을 인정하면서 화자의 의견을 더 강조할 때, 또는 한 가지 예외적인 특징이 있을 뿐이고 다른 특징은 모두 동일한 개념에 속함을 표현할 때 사용한다.
- 동사, 형용사에 붙여 사용한다.
- 앞 절에는 상대 의견을 하나 적고 뒤 절에는 여러 반대 의견을 적거나, 앞 절에 예외적인 특징 하나를 적고 뒤 절에 여러 상반되는 특징을 적는다.

예문
- 그 대형 마트는 물건만 다양하다 뿐이지 가격도 비싸고 직원도 불친절해요.
- 우리 아들은 키만 컸다 뿐이지 생각이나 행동은 아직 어린애 같아요.

1 다음을 '-(ㄴ/는)다 뿐이지'를 사용하여 연결해 봅시다.

1) 나이가 어리다 •   • (가) 기획서는 완성 단계이다.

2) 등록금만 비싸다 •   • (나) 인간과 똑같이 감정을 느낀다.

3) 마무리를 못 했다 •   • (다) 평소의 행동은 어른 못지않다.

4) 동물은 말만 못 하다 •   • (라) 시설도 최신식이고 교사들도 훌륭하다.

2 '-(ㄴ/는)다 뿐이지'를 사용하여 단지 그렇기만 하다는 의미의 문장을 만들어 봅시다.

문법과 표현

2 -는 한이 있더라도

- 무리한 방법을 사용하거나 부정적인 결과가 있더라도 꼭 이루겠다는 강한 의지나 당연히 해야 하는 일을 표현할 때 사용한다.
- 동사에 붙여 사용한다.
- 보통 앞 절에는 무리한 방법이나 예상되는 극단적, 부정적 결과가 오고 뒤 절에는 강한 의지나 당위, 소망 표현이 온다.

예문
- 설령 동료와의 관계가 멀어지는 한이 있더라도 내 생각대로 하겠다.
- 설사 시험에 떨어지는 한이 있더라도 부정행위를 하면 안 되지.

1 다음을 '-는 한이 있더라도'를 사용하여 연결해 봅시다.

1) 하루 휴가를 내다 •   • (가) BTS 콘서트에 꼭 가야겠어.

2) 설령 사표를 쓰다 •   • (나) 결승점까지 완주하고 말겠다.

3) 뛰다가 지쳐 쓰러지다 •   • (다) 사장님의 지시를 따를 수 없습니다.

4) 가진 돈을 모두 다 쓰다 •   • (라) 마음에 드는 물건을 사야 직성이 풀린다.

2 '-는 한이 있더라도'를 사용하여 화자의 강한 의지를 나타내는 문장을 만들어 봅시다.

문법과 표현

3 -되

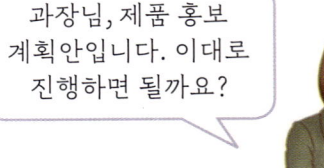

과장님, 제품 홍보 계획안입니다. 이대로 진행하면 될까요?

네, 이대로 진행은 하되 기간만 좀 더 단축해 주세요.

- 어떤 사실을 서술하면서 그와 관련된 조건이나 세부 사항을 뒤에 덧붙일 때 사용한다.
- 동사에 붙여 사용한다.
- 앞 절에는 어떤 사실에 대해 쓰고 뒤 절에는 앞 절의 사실과 관련된 조건이나 세부 사항을 적는다.

예문
- 선거에서는 경쟁은 하되 서로를 존중하는 태도를 보여야 한다.
- 정부의 문화 정책은 지원하되 간섭하지 않는다는 원칙을 가지고 있다.

1 다음을 '-되'를 사용하여 연결해 봅시다.

1) 식사량을 조절하다 • • (가) 편리성을 가미한 한옥이 인기다.

2) 남북 협력을 추진하다 • • (나) 경제 협력을 중점으로 해야 한다.

3) 한국의 전통미를 살리다 • • (다) 건강을 해치지 않는 범위에서 하고 있다.

4) 토론할 때 의견을 말하다 • • (라) 상대에 대한 비난은 하지 않는 것이 좋다.

2 '-되'를 사용하여 어떤 사실에 조건이나 세부 사항을 덧붙이는 문장을 만들어 봅시다.

심화 표현

1 다음 한자성어를 알아봅시다.

1) 동족상잔(同族相殘)

같은 민족이 서로 해친다는 뜻으로, 한국 전쟁처럼 같은 민족끼리 서로 싸우고 해치는 상황을 비유적으로 이르는 말이다.

예) 지구촌 어디에서도 한국 전쟁과 같은 동족상잔의 비극이 발생해서는 안 된다.

다음 신문 기사의 제목을 보고 내용을 말해 봅시다.

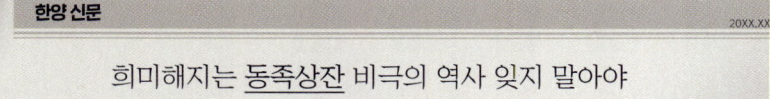

한양 신문   20XX.XX.XX

희미해지는 동족상잔 비극의 역사 잊지 말아야

2) 오매불망(寤寐不忘)

자나 깨나 잊지 못한다는 뜻으로, 누군가를 그리워하거나 어떤 것을 생각하면서 잠 못 드는 상황을 비유적으로 이르는 말이다.

예) 다음 주부터 직장인들이 오매불망 기다리던 황금연휴가 시작된다.

다음 신문 기사의 제목을 보고 내용을 말해 봅시다.

한양 신문   20XX.XX.XX

오매불망 그리워하다… 이산가족 상봉 신청자 작년 3,800명 사망

듣고 말하기 1

1 듣기 활동을 하기 전에 함께 이야기해 봅시다.

1) 이산가족 상봉 행사에 대해 알아봅시다.

> 1985년 첫 상봉이 이뤄진 뒤 2018년까지 21차례의 상봉이 성사됐다. 이산가족 상봉 행사 외에도 서신 교환, 화상 상봉 등의 교류가 이뤄지고 있다.

2) 다음 그래프를 보고 이산가족 신청자의 연령 분포에 대해 주어진 표현을 사용해서 말해 봅시다.

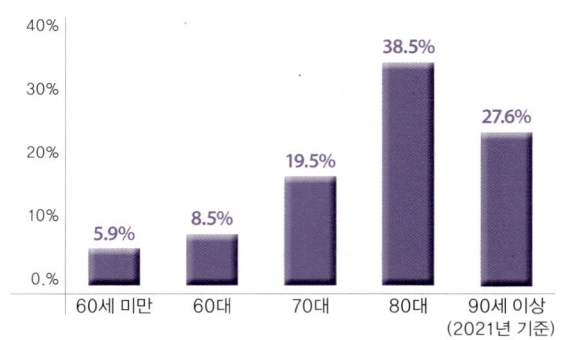

- ~이/가 넘다
- ~에 달하다
- ~에 육박하다

- ~에 불과하다
- ~에 그치다
- ~에도 못 미치는 수준이다

2 내용을 듣고 문제를 풀어 봅시다.

1) 들은 내용과 같으면 O, 틀리면 X 하십시오.

① 이산가족은 한국 전쟁으로 인한 남북 분단으로 생겨났다. (   )
② 이산가족은 서로의 생사만 확인할 수 있을 뿐 만나지는 못하고 있다. (   )
③ 이산가족 상봉은 정부의 지원 없이 비공식적으로 이루어지고 있다. (   )
④ 이산가족 상봉 신청자의 절반 이상이 가족의 생사를 확인했다. (   )

2) 이산가족 상봉 문제를 시급히 해결해야 하는 이유는 무엇입니까?

_____

3) 말하는 이가 주장하는 것은 무엇입니까?

① 현재의 이산가족 면회소를 더욱 확충해야 한다.
② 이산가족 상봉은 정치 문제와 연계해서 해결해야 한다.
③ 이산가족 상봉 행사가 상시적으로 이루어지도록 해야 한다.
④ 이산가족 상봉 행사는 남북한 지역에서 번갈아 가며 개최하여야 한다.

듣고 말하기 1

3 듣기 활동이 끝난 후에, 다음을 참고하여 자신의 생각을 말해 봅시다.

> 이산가족 상봉 행사가 지속되기 위해서는 _____
> _____ 등의 노력이 필요하다.

4 다음을 보고 전쟁의 비극을 다룬 영화를 소개해 봅시다.

🔍 **태극기 휘날리며(2004)**
감독: 강제규
출연: 장동건, 원빈, 이은주 등
줄거리: 형제가 남한군과 북한군으로 참전하여 서로에게 총을 겨누는 비극을 다룬 영화

🔍 **공동경비구역 JSA(2000)**
감독: 박찬욱
출연: 송강호, 이병헌, 이영애 등
줄거리: 비무장지대 수색 중 만나 친해진 남북한 군인들의 우정이 비극적으로 마무리되는 이야기를 통해 분단의 비극을 보여주는 영화

ⓘ 참고하기

1) 한국 전쟁 이후 남북이 서로 **등을 돌리면서**
　　　　　　　　　　　　(어떤 사람이 다른 사람에 대해) 외면하거나 관계를 끊다
　예) 사회 지도층이 가난한 사람에게 등을 돌려서야 건강한 사회라 할 수 있겠는가?

2) **중립 지역**에 이산가족 면회소를 설치하여
　　전쟁 시 병력을 투입하지 않기로 협정한 지역
　예) 남북한은 휴전을 하면서 휴전선 근처에 중립 지역을 두기로 협의하였다.

3) **상시적으로** 상봉이 가능하도록
　　일상적으로
　예) 학교 뒤의 골목은 경찰이 상시적으로 순찰하는 구역입니다.

듣고 말하기 2

1 듣기 활동을 하기 전에 함께 이야기해 봅시다.

1) 다음 신문 기사의 제목을 보고 한국의 병역 문제에 대해 알아봅시다.

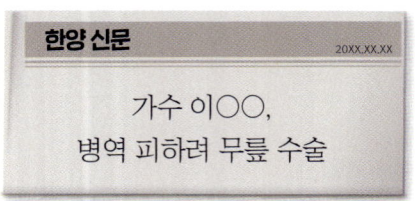
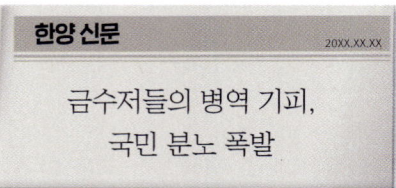

2) 다음 어휘와 표현을 알아봅시다.

2 내용을 듣고 문제를 풀어 봅시다.

1) 두 사람의 대화 주제로 가장 알맞은 것을 고르십시오.

① 병역 비리의 심각성 ② 남북 관계와 병역 제도
③ 대체복무제 도입과 내용 ④ 교도소 복무자에 대한 인식

2) 대체복무제에 대한 설명으로 맞으면 O, 틀리면 X 하십시오.

① 한국에서 대체복무제가 실시된 지 오래되었다. (   )
② 대체복무 시에는 군 복무와 달리 출퇴근이 가능하다. (   )
③ 대체복무는 군 복무와 동일한 기간을 복무하도록 하고 있다. (   )
④ 종교적인 이유 외에 양심적인 이유로도 대체복무 신청이 가능하다. (   )

3) 대체복무 시의 업무 강도가 군 복무와 비슷하게 결정된 이유는 무엇입니까?

듣고 말하기 2

3 듣기 활동이 끝난 후에, 다음을 참고하여 자신의 생각을 말해 봅시다.

> 대체복무제는 군대에서 복무하는 것과 비교해 봤을 때 _____
> _____ 제도라고 생각한다.

4 다음을 보고 사회 속에 반영된 군대 문화에 대해서 이야기해 봅시다.

🔍 고무신을 거꾸로 신다
군대에 간 남자 친구를 기다리지 못하고 다른 남자를 사귀는 것을 의미하는 비유적인 표현이다. 반대로 끝까지 남자 친구를 기다리는 여자를 '고무신'이라고 부르는데 최근에는 이를 줄여서 '곰신'이라고도 한다.

🔍 밀보드 차트
군대를 의미하는 밀리터리와 미국의 음악 순위 차트인 빌보드의 합성어로 군인들 사이에 인기가 많은 음악의 순위를 말한다. 최근에는 일반 음악 순위에도 영향을 끼치기도 한다.

ⓘ 참고하기

1) 경제 비리보다도 더 **화제가 되는** 경우를 자주 보거든요.
   　　　　　　　　　사람들의 관심사가 되어 대화의 주제가 되다
   ▣ 드라마 '오징어게임'이 연일 화제가 되고 있다.

2) 군대를 기피하는 수단으로 **악용될** 우려가 있어서
   　　　　　　　　원래의 의도와는 달리 나쁜 방식으로 사용되다
   ▣ 상품권이 범죄에 악용되는 경우가 있으므로 거래 시 주의해야 한다.

3) 군 복무를 하는 사람들과의 **형평성 문제**가 생길 수도 있겠네요.
   　　　　　　　　　양쪽의 균형이 맞지 않는 문제
   ▣ 병역 면제 문제는 형평성 문제와 연결돼 있어 결정이 쉽지 않다.

3

1 읽기 활동을 하기 전에 다음을 확인해 봅시다.

1) '수난이대'의 배경과 등장인물에 대해 알아봅시다.

배경	• 시대적 배경: 한국 전쟁 직후 • 공간적 배경: 경상도의 한 시골마을
등장인물	• 박만도: 태평양 전쟁 때 비행장 짓는 일을 하다가 사고로 한쪽 팔을 잃었다. • 박진수: 만도의 아들. 한국 전쟁에 참전했다가 상이군인이 되어 귀향한다.

2) 다음 어휘를 알아봅시다.

꾸역꾸역	짝 (벌어지다)	쑥 (내밀다)
성큼성큼	느릿느릿	기우뚱기우뚱
절룩거리다	서성거리다	펄럭거리다

2 다음 글을 읽으면서 각 단락의 주제문을 찾아봅시다.

수난이대

하근찬

시꺼먼 열차 속에서 꾸역꾸역 사람들이 밀려 나왔다. 꽤 많은 손님이 쏟아져 내리는 것이었다. 만도의 두 눈은 곧장 이리저리 굴렀다. 그러나 아들의 모습은 쉽사리 눈에 띄지 않았다. 저쪽 출찰구로 밀려가는 사람들의 물결 속에 두 개의 지팡이를 의지하고 절룩거리면서 걸어 나가는 상이군인이 있었으나, 만도는 그 사람에게 주의를 기울이지는 않았다. 기차에서 내릴 사람은 모두 내렸는가 보다. 이제 미처 차에 오르지 못한 사람들이 홈을 이리저리 서성거리고 있을 뿐인 것이다.

1 ( )

'그놈이 거짓으로 편지를 띄웠을 리는 없을 낀데!' 그는 자꾸 가슴이 떨렸다. '이상한 일이다.'하고 있을 때였다. 분명히 뒤에서 "아부지!" 부르는 소리가 들렸다. 그 순간, 만도의 입은 짝 벌어졌다. 틀림없는 아들이었으나, 옛날과 같은 진수는 아니었다. 양쪽 겨드랑이에 지팡이를 끼고 서 있는데 ㉠스쳐가는 바람결에 한쪽 바짓가랑이가 펄럭거리는 것이 아닌가. 〈중략〉 만도는 진수의 잘못이기나 한 듯 험한 얼굴로 "가자 어서." 무뚝뚝한 한마디를 던지고는 성큼성큼 앞장을 서 가는 것이었다.

2 ( )

〈중략〉
주막을 나선 그들 부자는 논두렁길로 접어들었다. 아까와 같이 만도가 앞장을 서는 것이 아니라 이번에는 진수를 앞세웠다. 지팡이를 짚고 기우뚱기우뚱 앞서가는 아들의 뒷모습을 바라보며 팔뚝이 하나밖에 없는 아버지가 느릿느릿 따라가는 것이다.

〈중략〉
 개천 둑에 이르렀다. ⓒ외나무다리가 놓여 있는 시냇물인 것이다. 진수는 딱 걱정이 되었다. 물은 그렇게 깊은 것 같지 않지만, 밑바닥이 모래흙이어서, 지팡이를 짚고 건너기가 만만할 것 같지 않기 때문이었다. 외나무다리 위로는 도저히 건너갈 재주가 없고…. 진수는 하는 수 없이 둑에 퍼지고 앉아서 바짓가랑이를 걷어 올리기 시작했다. 만도는 잠시 멀뚱히 서서 아들의 하는 양을 내려다보고 있다가
 "진수야 그만두고 자아 업자." 하는 것이었다.
 "업고 건느면 일이 다 대는 거 아니가. 자아 이거 받아라."
 고등어 묶음을 진수 앞으로 쑥 내밀었다.

3
( )

4
( )

🔍 각 단락의 주제문을 찾아봅시다.

㉮ 주막을 나와서 만도는 아들 진수와 함께 집으로 향한다.
㉯ 만도는 기차역에서 전쟁에 참전했던 아들 진수를 기다린다.
㉰ 도중에 외나무다리를 만나자 만도는 아들 진수에게 등을 내민다.
㉱ 만도는 한쪽 다리를 잃은 아들 진수의 모습을 보고 괴로워한다.

ⓘ 참고하기

1) 사람들의 물결 수많은 사람들, 인파.
 예 어린이날 놀이동산은 아이들과 함께 나온 사람들의 물결로 붐비고 있었다.
2) 앞장(을) 서다 (여럿 중) 가장 앞에 서다
 예 오랜만의 산책에 신이 난 아이는 앞장을 서서 걸어갔다.
3) 만만하지 않다 (어떤 일이) 쉽지 않고 꽤 어렵다
 예 과제를 받아 보니 혼자 하기 만만하지 않아서 선배에게 도움을 요청했다.
4) 멀뚱히 서다 (별 생각 없이) 가만히 서 있다
 예 나는 멀뚱히 서서 친구들이 노는 모습을 바라봤다.

읽고 쓰기

3 다음 질문에 대답해 봅시다.

1) 윗글에서 한국 전쟁의 시대적 상황을 알 수 있는 단어를 찾아봅시다.

2) 밑줄 친 ㉠이 의미하는 바는 무엇입니까?

3) 이 글에서 ㉡외나무다리는 어떤 상징적인 의미가 있다고 생각합니까?

4) 부자가 외나무다리를 어떻게 건넜을지 설명해 봅시다.

4 다음 단락에서 주인공의 심경이 드러나는 부분을 찾아봅시다.

단락	주인공의 심경	소설에 나타난 부분
2	뭔가 불길한 예감을 느낌	
	아들의 모습을 보고 놀람	
	아들의 모습에 괴로워함	
3	아들의 상황을 받아들임	
4	고난을 함께 극복하려는 의지	

5 소설 '수난이대'에 대해 더 알아봅시다.

발단	전개	위기	절정	결말

🔍 **소설가 하근찬(1931~2007)**

1931년 경북에서 출생한 하근찬은 한국 전쟁에서 아버지를 잃는 슬픔을 경험한다. 교사로 근무하던 그는 후에 소설가로서 전쟁이 개인의 삶에 초래하는 비극을 담은 작품을 쓰기 시작한다. '수난이대'는 1957년에 한국일보에 발표된 작품이다.

출처: 한국향토문화전자대전

읽고 쓰기

6 비평문의 구조를 알아봅시다.

도입	**작품의 기본 정보 소개**	
	• 《수난이대》는 소설가 하근찬이 1931년에 한국일보에 발표한 단편소설로서 대표적인 전후소설 중 하나이다.	
	작품의 주제 의식 소개	
	• 《수난이대》에서는 태평양 전쟁에서 불행한 사고로 한쪽 팔을 잃은 '만도'와 한국 전쟁에서 한쪽 다리를 잃고 상이군인이 되어 돌아온 아들 '진수'를 통해 전쟁이 개인의 삶에 초래하는 비극을 그리고 있다.	
전개	**줄거리 요약**	
	• 《수난이대》는 주인공 '만도'가 기차역으로 달려가는 장면에서 시작한다. • 이후 소설은 기차역에서 아들 '진수'를 기다리던 '만도'가 태평양 전쟁 당시 자신이 경험한 비극적 사건을 회상하는 것으로 이야기가 옮겨간다. • 아들을 만난 '만수'가 아들이 한쪽 다리를 잃었다는 사실을 알게 되며 소설은 절정에 이른다. • '만수'가 아들을 업고 외나무다리를 건너는 것으로 결말을 맺고 있다.	
	인상적인 부분/주목해야 되는 부분	
	• 이 소설에서 가장 인상적인 장면은 '만도'가 아들 '진수'를 업고 외나무다리를 건너는 장면이다. 이 장면에서는 두 사람이 함께 힘을 합쳐 어려움을 극복해 나가려는 의지를 보여주고 있다.	
	해석 및 평가	
	• 이 장면을 통해 작가는 전쟁이라는 고난을 극복하려는 인간의 의지를 드러내고 있다.	
마무리	**정리 및 교훈**	
	• 소설 《수난이대》의 훌륭한 점은 세대를 막론하고 모두에게 전쟁의 참혹함을 공감하도록 하는 데 있다. • 《수난이대》는 이후 고등학교 문학 교과서에 수록되었다.	

읽고 쓰기

7 비평문의 구조를 참고하여 독서 비평문을 써 봅시다.

> **비평문이란?**
> 문학 작품을 감상한 후 작품의 의의와 가치를 평가한 글이다. 감상문과 달리 비평에 대한 구체적 논거를 제시하여야 한다.

1) 주제 정하기

소설 _____을/를 읽고

2) 개요 짜기

도입	작품의 기본 정보 소개
	작품의 주제 의식 소개

전개	줄거리 요약
	인상적인 부분
	해석 및 평가

마무리	정리 및 교훈

3) 작문하기

4) 자기 평가와 수정하기

체크리스트	네	아니요
❶ 비평의 관점이 명확하게 잘 드러나는가?	☐	☐
❷ 비평의 내용이 전체적으로 논리적인가?	☐	☐
❸ 비평문의 구조를 잘 갖추고 있는가?	☐	☐
❹ 글의 내용에 맞는 고급의 어휘와 표현을 사용하였는가?	☐	☐
❺ 문장의 호응과 시제, 맞춤법이 정확한가?	☐	☐

주제 토론

1 남북통일을 바라보는 상반된 입장이 있습니다. 다음을 참고하여 이에 대해 어떻게 생각하는지 자신의 의견을 말해 봅시다.

1) 다음 뉴스 자료를 확인해 봅시다.

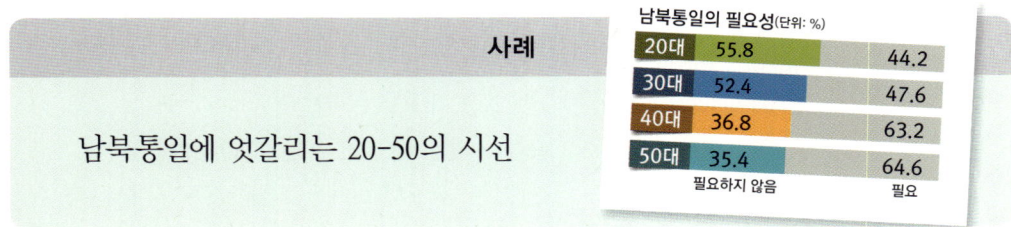

2) 어떤 주장이 합리적인지 생각해 보고 자신의 입장을 정해 봅시다.

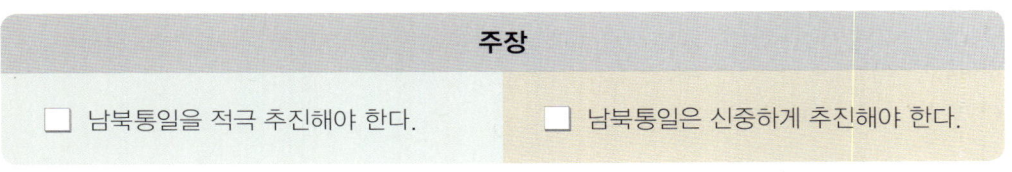

3) 주장의 근거를 찾아서 정리해 봅시다.

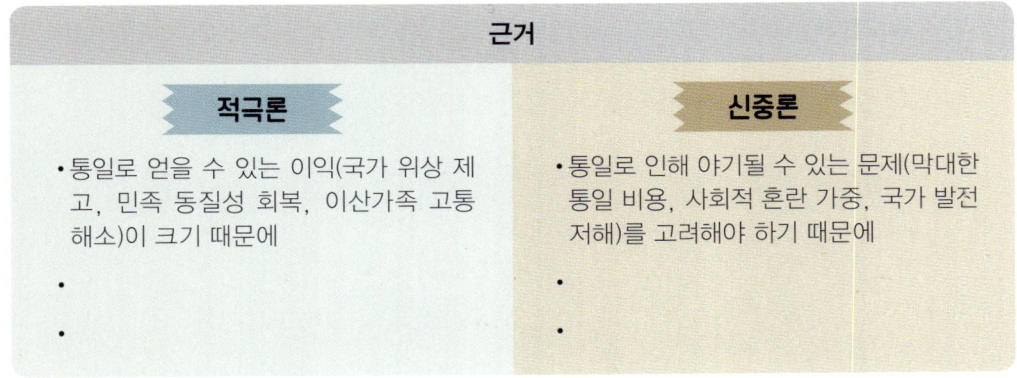

4) 다음 표현을 사용하여 남북통일을 어떻게 추진해야 하는지에 대해 토론해 봅시다.

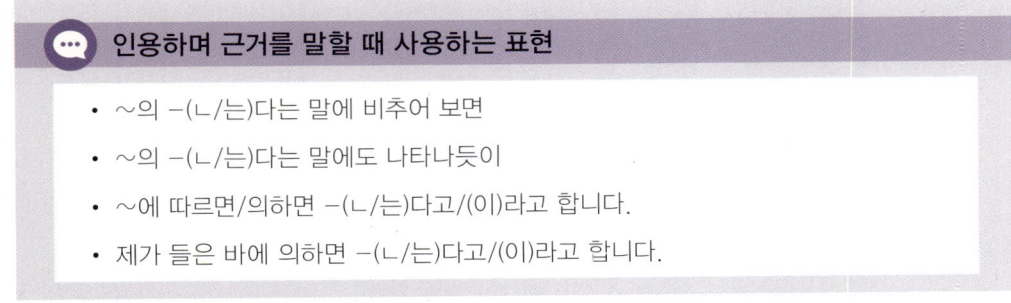

4

1 PPT를 활용한 발표의 평가 항목에 대해 알아봅시다.

1) PPT를 활용한 발표의 평가 항목

내용	• 내용의 적절성: 발표 주제에 맞는 내용인가? • 내용의 풍부성: 발표 내용이 풍부한가? • 내용 구성: 발표 내용이 절차에 맞게 구성되었는가? 　　　　　(첫인사 → 주제 소개 → 내용 소개 → 끝인사)
언어	• 표현의 정확성: 문법과 어휘의 사용이 정확한가? • 표현의 수준: 고급의 수준에 맞는 문법과 어휘를 사용하는가? • 표현의 격식성: 발표에 적합한 격식적인 표현을 사용하는가? • 발음과 억양: 발음과 억양이 정확한가?
전달	• 자료 구성과 활용: PPT 자료를 적절히 활용하고 있는가? • 발표 태도: 발표 태도(제스처, 시선 처리)가 적절한가? • 말의 속도와 크기: 발표 시 말의 속도와 크기가 적당한가?

2) 다음 평가표를 활용하여 다른 사람의 발표를 평가해 봅시다.

발표자:				
내용	발표 주제에 맞는 내용인가?	상	중	하
	발표 내용이 풍부한가?	상	중	하
	발표 내용이 절차에 맞게 구성되었는가?	상	중	하
언어	문법과 어휘의 사용이 정확한가?	상	중	하
	고급의 수준에 맞는 문법과 어휘를 사용하는가?	상	중	하
	발표에 적합한 격식적인 표현을 사용하는가?	상	중	하
	발음과 억양이 정확한가?	상	중	하
전달	PPT 자료를 적절히 활용하고 있는가?	상	중	하
	발표 태도가 적절한가?	상	중	하
	발표 시 말의 속도와 크기가 적당한가?	상	중	하
총평				

학술적 말하기

2 한국인의 대북 인식에 대해 알아보고 세계 각국의 대북 인식을 소개해 봅시다.

1) 한국인의 대북 인식에 대해서 알아봅시다.

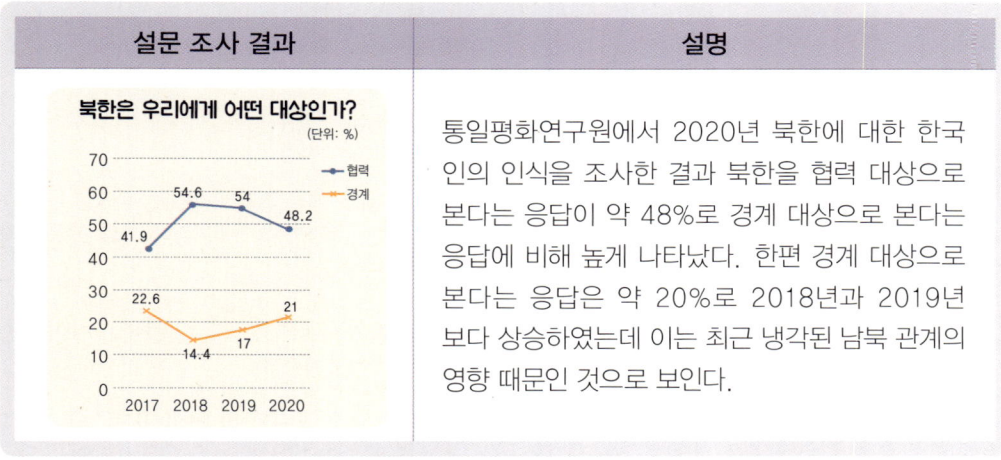

설문 조사 결과	설명
북한은 우리에게 어떤 대상인가? (단위: %) 협력: 41.9(2017), 54.6(2018), 54(2019), 48.2(2020) 경계: 22.6(2017), 14.4(2018), 17(2019), 21(2020)	통일평화연구원에서 2020년 북한에 대한 한국인의 인식을 조사한 결과 북한을 협력 대상으로 본다는 응답이 약 48%로 경계 대상으로 본다는 응답에 비해 높게 나타났다. 한편 경계 대상으로 본다는 응답은 약 20%로 2018년과 2019년보다 상승하였는데 이는 최근 냉각된 남북 관계의 영향 때문인 것으로 보인다.

2) 세계 각국의 대북 인식에 대해서 소개해 봅시다.

• 표현을 알아봅시다.

	표현
대북 인식	• 긍정적인/부정적인 인식을 가지고 있다 • 북한에 대한 호감도가 높다/낮다/올라가다/내려가다 • 북한을 협력 대상/지원 대상/경계 대상/적대 대상으로 보고 있다 • 북한을 우방국/적대국으로 여기다
대북 관계	• 북한과 우호적인/적대적인 관계를 맺고 있다 • 북한과의 관계가 악화되다/냉각되다/얼어붙다 • 북한과의 관계가 호전되다/풀리다, 관계에 훈풍이 불다

• 내용을 정리해서 발표해 봅시다.

TIP 인터넷의 내용을 그대로 인용하지 말고, 청중들이 이해할 수 있는 수준으로 정리한다.

학술적 글쓰기

표지	본문			참고 문헌
	서론	본론	결론	
•제목 •목차	•연구 배경 •연구 목적	•연구 대상과 연구 방법 •연구 결과와 분석	•요약 및 정리 •의의와 한계점	

〈연구 보고서의 구성〉

1 연구 보고서의 참고 문헌에 대해서 알아봅시다.

- 참고 문헌은 연구 보고서의 가장 마지막 부분으로 참고 문헌에는 연구 보고서를 작성하면서 참고한 자료의 출처를 적는다.
- 참고 문헌을 적을 때는 정해진 양식에 따라야 하는데 서적, 논문, 기사, 인터넷 사이트 등 자료의 유형에 따라 양식이 달라진다.
- 참고 문헌에 출처를 밝히지 않고 자료를 사용하는 것은 연구 윤리에 위배되므로 참고한 자료가 있다면 분량이 적더라도 반드시 참고 문헌 목록에 포함시켜야 한다.
- 참고 문헌은 연구 보고서를 써 나가면서 따로 정리해 두는 것이 좋다.
- 참고 문헌을 작성할 때에는 다음과 같은 양식을 사용한다.

자료의 유형	양식
서적	저자명(발행년), 『제목』, 출판사명
논문	연구자(수여년도), 「논문명」, 수여기관명 학위명.
기사	저자명(홈페이지명), "자료명", 사이트 주소, 검색일(년. 월. 일.)
사이트	사이트명, '자료명', 사이트 주소, 검색일(년. 월. 일.)

참고 문헌 작성 연습

자료의 유형	양식
서적	예 서상규(2021), 『독서』, 태학사.
논문	예 정화영(2000), 「한국어 말하기 숙달도 평가 방안」, 연세대학교 교육대학원 석사학위논문.
기사	예 이주희(서울경제), "영국 왕실 김치 담그기 도전", https://www.sedaily.com/NewsView/22U1FES3AE/GF06, 2021. 3. 23.
사이트	예 네이버 백과사전, 'IPTV(Internet Protocol Television)', http://blog.naver.com/lkh2ooo/120065609558, 2021. 3. 23.

학술적 글쓰기

2 연구 보고서 검토의 방법에 대해서 알아봅시다.

- 검토는 글의 완성도를 높여주는 단계로서 모든 쓰기에서 빼놓을 수 없는 중요한 단계이다.
- 연구 보고서 검토의 단계는 다음과 같다.

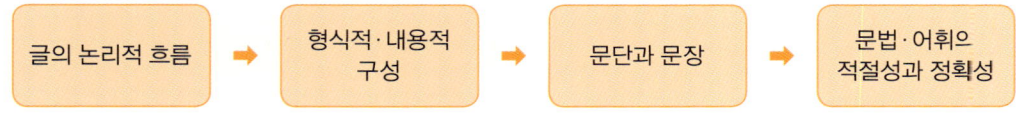

- 내용의 흐름을 검토할 때는 서론에서 결론에 이르기까지의 연구 보고서의 내용이 논리적으로 잘 연결되어 있는지를 살핀다.
- 이후 연구 보고서의 형식적 구성과 내용적 구성을 검토한다. 먼저 표지와 목차, 본문, 참고 문헌의 형식적 구성을 잘 갖추고 있는지를 검토한 후에 연구 보고서가 앞서 배운 서론, 본론, 결론의 각 단계별 내용을 잘 갖추고 있는지 살핀다.
- 연구 보고서가 논리적으로 작성되었고 보고서의 형식적·내용적 구성을 잘 갖추고 있다면 연구 보고서의 단락 구성과 문장의 길이 및 문장 호응을 검토한다.
- 마지막으로 연구 보고서에서 사용한 문법과 어휘에 오류가 없는지를 살핀다.
- 연구 보고서 검토를 할 때는 먼저 1차적으로 작성자 스스로의 검토를 거치고 2차적으로 반 친구와 서로의 보고서를 검토한다. 이후 최종적으로 담당 교사의 검토를 받는다.

3 다음 연구 보고서의 자가 평가 항목을 참고하여 자신의 연구 보고서를 평가해 봅시다.

항목	내용	자가 평가
내용	연구 보고서의 내용적 흐름이 논리적인가?	네 ☐ 아니요 ☐
	연구 주제와 목적이 분명하게 드러나는가?	네 ☐ 아니요 ☐
	서론의 내용적 구성을 잘 갖추고 있는가?	네 ☐ 아니요 ☐
	본론의 내용적 구성을 잘 갖추고 있는가?	네 ☐ 아니요 ☐
	결론의 내용적 구성을 잘 갖추고 있는가?	네 ☐ 아니요 ☐
구조	연구 보고서의 형식적 구성을 잘 갖추고 있는가?	네 ☐ 아니요 ☐
	연구 보고서의 각 단계별 분량이 적절한가?	네 ☐ 아니요 ☐
	연구 보고서의 각 단계가 잘 연결되어 있는가?	네 ☐ 아니요 ☐
	단락의 구성과 연결이 적절한가?	네 ☐ 아니요 ☐
언어	연구 보고서에 맞는 격식적 언어를 사용하고 있는가?	네 ☐ 아니요 ☐
	주제에 맞는 고급의 어휘와 표현을 사용하고 있는가?	네 ☐ 아니요 ☐
	어휘와 표현의 사용이 정확한가?	네 ☐ 아니요 ☐

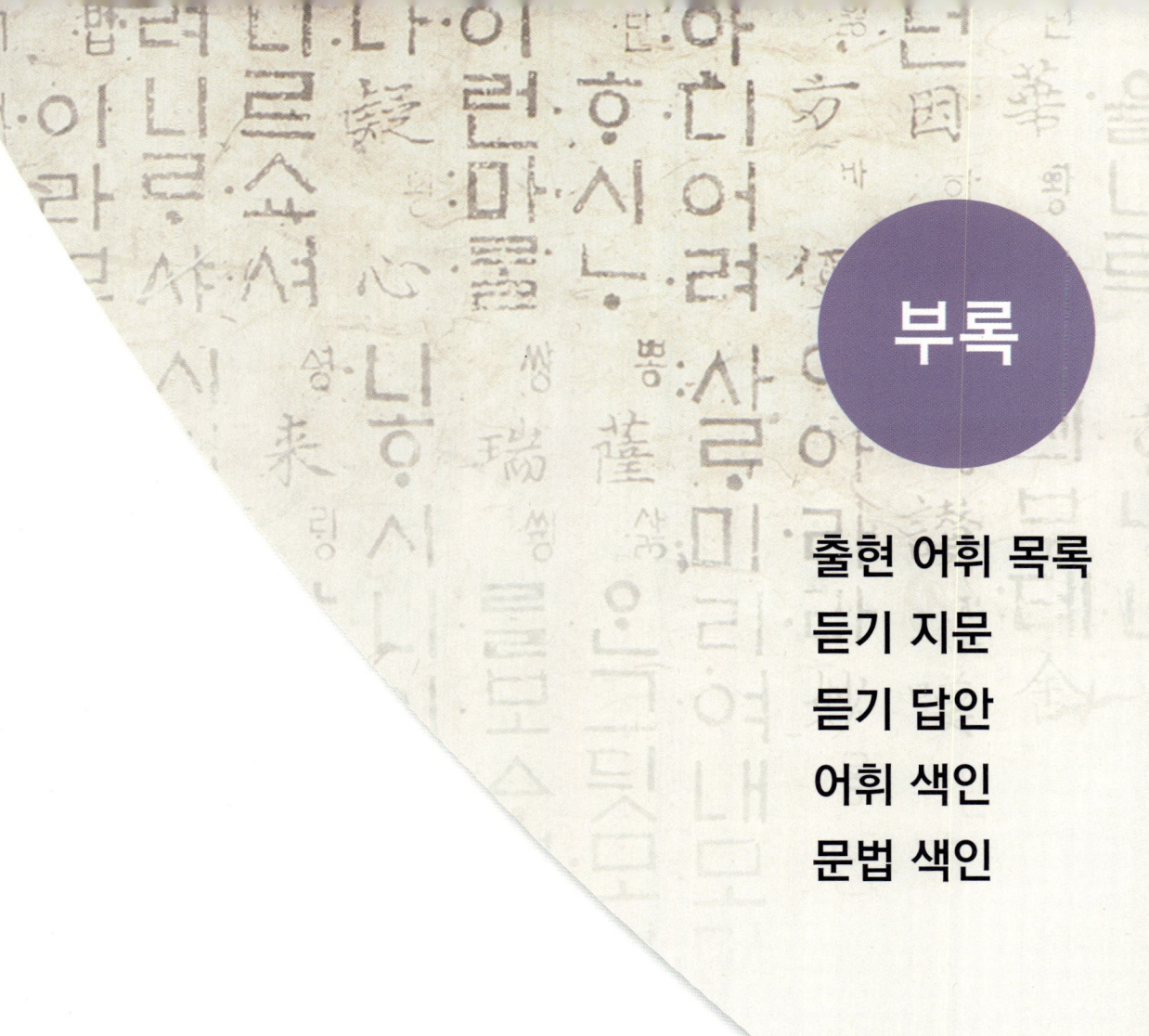

부록

출현 어휘 목록
듣기 지문
듣기 답안
어휘 색인
문법 색인

출현 어휘 목록

5과 가치관과 사회의 변화

1

도입, 어휘와 표현

가치관
저출산
고령화
변동
추이
자아실현
욕구
방안
급속하다
외래문화
유입
체제
권위주의
집단주의
평등주의
개인주의
사표를 내다
이직하다
부지기수이다
한둘이 아니다
갈등을 빚다
관건이다
달려 있다

대화문, 심화 표현

무모하다
충실하다
기성세대
여느
격변
한국 전쟁
한강의 기적
서독
과도기
통합하다
단기간
일컫다
사회적 책임
수직적 관계
수평적 관계
의식하다
격노
과격
급격
격감
백신
접종
소실
소모품

2

문법과 표현, 심화표현

생계형 범죄
과제
제출하다
기한
착각하다
토론
따끔하다
야단치다
마련하다
근로 시간
단축하다
종료
휘슬
역전
몰려나가다
상반기
골을 넣다
격세지감
코딩
남북 정상
국세
납부
새옹지마
창업
대박

듣고 말하기

청춘
워라밸
조직
존중
추세
성취
평생직장
자립
은퇴하다
퇴사하다
소비
자금
신념
거부감
개념
주거

빈곤
정책
포털 사이트
자치구
착안하다
경력 단절
우려하다
동행하다

출처
비혼
만혼
동거
무관하다

학술적 글쓰기

항목
인식
실시하다

읽고 쓰기, 주제 토론

절제
교감
함양
연이어
부재
인성
설상가상
몰두하다
정서
안정감
얻다
짬을 내다
거론되다
방어하다
중시하다

학술적 말하기

엇갈리다

6과 함께 사는 사회

1

도입, 어휘와 표현

금전 기부
물품 기부
복구 활동
일손 돕기
헌혈
사회복지제도
기초 생활 수급자
최저 생계비
이윤
환원하다
취약 계층
공헌
저소득층
불우 이웃
떵떵거리며 살다
남부럽지 않게 살다
빠듯하다
각광을 받다
대세이다
엄두를 못 내다
선뜻

대화문, 심화 표현

각박하다
온정
공인
확산되다
기꺼이
재능 기부
소셜 기부

금전적
동참하다
누리다
솔선수범하다
제약 회사
자립
공약
공무
공식적
공기업
낄낄거리다

2

문법과 표현, 심화표현

무인 자동차
시행착오
재해 지역
접전
사회복지사
심사숙고
학사 경고
업종
종사하다
고충
십시일반
측은지심

듣고 말하기

댓글
홍보하다
후원하다

참여율
보탬
창간하다
판권
노숙인
부실하다
외양
초라하다
자활
담기다
고스란히
부담없이
기발하다

3

읽고 쓰기, 주제 토론

부유층
중산층
양극화 현상
절실하다
빈곤 계층
몰락하다
사회 통합
역부족
일회성
생색내다
날로
낙오자
기울어진 운동장
공정하다
변혁

4

학술적 말하기

선별
투입
결식아동
독거노인
이재민
뿌듯하다

학술적 글쓰기

격식적 표현
항목별

7과 세계 경제와 무역

1

도입, 어휘와 표현

둔화
하반기
치솟다
유가
자유무역협정
원자재
반도체
선박
국제기구
현안
우호
증진
교역량
체결하다
협정
머리를 맞대다
머리를 모으다 담을 쌓고 살다
무관심하다
제법이다
웬만한
비중을 차지하다
비중이 높다
파업
대선
당선되다

대화문, 심화 표현

고작
막대하다

용어
머리글자를 따다
분쟁
촉진하다
조정하다
관세
호황
대폭
점유율
타격을 입다
힘을 쏟다
스크린 쿼터제
의무화하다
약화시키다
진급
승진
맞들다
맞붙다
맞바꾸다

2

문법과 표현, 심화표현

면역력
경제 지표
호전되다
어기다
비관적
대출금
불안정하다
연착되다
노후되다
장시간

작동시키다
승용차 요일제
단종되다
매연
차질
속수무책
괄목상대

듣고 말하기

나비효과
흉년
의존도
비례하다
심화되다
강력하다
거세지다
업로드하다
착용하다
매출 증대
기사회생
지구촌
한구석
미미하다
상호 협력
식량 자급률
곡물 자급률
급등
급락
급감
무기화
잡곡류
방안
공급망

다변화
국산화
짚다
육박하다
대비하다

읽고 쓰기, 주제 토론

한정되다
기호 식품
생활필수품
불합리하다
공감하다
외면하다
적도
수치
소득
실상
다국적 기업
가공업자
중간 상인
농가
몫
이윤
분배
공정 무역
정당하다
적정하다
저 값
치르다
취지
기꺼이

그치다
표방하다
확신하다
비로소
거두다
공정무역마을
의회
지지
접근성
미디어
충족시키다
칼럼
쟁점

학술적 말하기

자유 무역
보호 무역
동참하다
자국
유의 사항
스마트아트
핵심
친환경
경신하다
의태어
의성어
신조어

학술적 글쓰기

후속 연구

8과 한반도의 정세

1

도입, 어휘와 표현

한반도
정세
수립
전쟁
발발
휴전
협정
체결
체제
휴전선
사회주의
공산주의
자본주의
이산가족
국토
긴장감
위상
격하
민간
동질성
상봉
제고
기미가 안 보이다
조짐이 없다
냉각기
불가분의 관계다
동전의 양면과 같다
거울삼다
교훈 삼다
물꼬를 트다

마중물이 되다

대화문, 심화 표현

이해 관계국
인근
불미스럽다
부쩍
핵
민감하다
잠정적
인도주의
당국
생이별하다
시사하다
통일 비용
사회적 통합
전례
야기되다
혼란
최소화하다
정상 회담
당사자
당면하다
뻔히

2

문법과 표현, 심화표현

완주하다
직성이 풀리다
가미하다
동족상잔

비극
오매불망
황금연휴

듣고 말하기

비공식적
연계하다
상시적
참전하다
(총을) 겨누다
수색
등을 돌리다
중립 지역
병역
징병제
모병제
비리
대체복무제
복무
고무신을 거꾸로 신다
화제가 되다
악용되다
형평성
정착되다

3

읽고 쓰기, 주제 토론

한국 전쟁
태평양 전쟁
상이군인
꾸역꾸역

짝 (벌리다)
쑥 (내밀다)
성큼성큼
느릿느릿
기우뚱기우뚱
절룩거리다
서성거리다
펄럭거리다
사람들의 물결
바람결
바짓가랑이
외나무다리
만만하다
멀뚱히
초래하다
회상하다
참혹하다
수록되다

연구 윤리
위배되다
양식
완성도
검토
논리적

학술적 말하기

경계
우방국
적대국
냉각되다
얼어붙다
호전되다
관계에 훈풍이 불다

학술적 글쓰기

참고 문헌

듣기 지문

5과 가치관과 사회의 변화

듣고 말하기 1

한 경제 연구소의 조사 결과에 따르면 20대의 가치관과 생활 방식은 기성세대와 다소 차이를 보이고 있는 것으로 나타났다.

첫째, 20대는 집단보다는 개인의 행복을 중시하기 때문에 가족관에도 이러한 가치관이 그대로 드러났다. 자신을 위해서라면 아낌없이 돈을 투자하는 모습을 보였고, 현재의 즐거움을 추구하는 성향이 두드러지면서 결혼 계획이 없거나 결혼을 하더라도 아이를 낳지 않겠다는 20대가 많았다.

둘째, 20대는 자신의 사회적 신념을 소비를 통해 적극적으로 표현하는 것으로 나타났다. 이들은 제품을 구매할 때 가격이나 디자인보다 사회적 가치를 더 중요시했다. 그리고 구매한 물건에 대해 SNS에 공유함으로써 자신의 신념을 드러내는 동시에 사회적인 관심을 이끌어냈다.

끝으로 20대는 일에서의 성취보다는 일과 휴식이 균형을 이루는 삶을 추구하는 경향을 보였다. 그 결과 회사나 업무가 자신과 맞지 않으면 이직하는 것에 대해서도 거부감이 없는 태도를 보였다. 기성세대가 당연시했던 평생직장이라는 개념이 사라진 것이다.

듣고 말하기 2

남자: 오늘은 사회학자이신 이지현 박사님을 모시고 최근 빠르게 증가하고 있는 1인 가구에 대해 이야기 나눠 보도록 하겠습니다. 안녕하세요? 박사님.

여자: 네, 안녕하세요?

남자: 최근 1인 가구 비율이 30%를 넘었다고 하는데요. 1인 가구 증가, 박사님은 어떻게 보십니까?

여자: 1인 가구의 증가는 사회 변화에 따른 자연스러운 현상이라고도 볼 수 있습니다. 결혼이 필수가 아닌 선택이 되면서 혼자 사는 사람들이 많아졌지요.

남자: 조사 결과를 보면 남성보다 여성이 결혼을 기피하는 경향이 큰데요. 그 원인은 무엇이라고 생각하십니까?

여자: 사회에서 자신의 능력을 발휘하고자 하는 여성들이 증가하고 있기 때문입니다. 그리고 결혼이나 출산으로 인한 경력 단절을 우려해서 결혼을 기피하는 경우도 많은 것으로 나타났습니다.

남자: 그렇군요. 1인 가구는 앞으로도 증가할 것으로 예상되는데요. 최근 1인 가구를 위한 정책들도 마련되고 있다고 들었습니다.

여자: 이미 각 도시별로 1인 가구를 위한 정책들을 내놓고 있습니다. 혼자 사는 여성들이 집에 들어갈 때 불안감을 느낀다는 점에 착안해서 현관문에 카메라를 설치해 주는 서비스도 제공하고 있고, 병원에 오갈 때 동행해 주는 서비스도 시행 예정입니다.

남자: 좋은 정책이네요. 혼자 사는 여성의 경우 안전이 큰 걱정이지 않습니까?

여자: 그렇지요. 그리고 외로움을 느끼기 쉬운 1인 가구를 대상으로 행사를 개최하거나 모임을 열어서 사람들과 어울릴 수 있는 기회도 제공하고 있습니다.

남자: 그런 정책들로 1인 가구의 불안 요소인 안전, 외로움, 그리고 건강까지 다 관리를 해 줄 수 있겠네요.

여자: 맞습니다. 이러한 정책을 시작으로 지금까지 이루어졌던 가족 중심의 복지 정책을 개인 중심으로 바꿔야 할 시대가 왔다고 생각합니다.

듣고 말하기 1

최근 트위터, 인스타그램과 같은 SNS가 확산되면서 SNS를 통한 기부가 활발히 이루어지고 있는데 이를 소셜 기부라고 한다. 소셜 기부의 한 가지 예로 '댓글 기부'라는 것이 있다. 기업에서 SNS에 올린 특정한 글에 사람들이 댓글을 달면, 달린 댓글의 개수대로 일정 금액을 기업에서 기부를 한다. 보통 댓글을 하나 달 때마다 100원에서 1000원 정도의 금액을 기업이 대신 내는 식이다.

기업의 입장에서 보면 소셜 기부는 기업의 이미지를 높일 수 있고 상품을 홍보하는 수단이 되기도 한다. 그런 이유로 기업들이 직접 기부금을 내기보다는 SNS 이용자들의 참여를 통해 기부 활동을 하는 방식을 선호하고 있는 추세이다.

한편 참여자의 입장에서 소셜 기부는 간단한 댓글이나 클릭 한 번으로 손쉽게 기부 활동에 참여할 수 있다는 장점이 있다. 그래서 많은 사람들이 부담없이 소셜 기부에 참여할 수 있는 것이다. 소셜 기부는 '백지장도 맞들면 낫다.'라는 속담처럼 적은 돈이기는 하지만 다수의 기부자가 모이면 커다란 힘이 될 수 있음을 보여주고 있다.

듣고 말하기 2

여자: 저 아저씨는 누군데 지하철역 앞에서 잡지를 팔고 있는 거예요? 누가 저런 볼품없는 잡지를 돈 주고 사겠어요?
남자: 무슨 소리예요? 저 잡지가 내용이 얼마나 알찬데요. 그리고 저 잡지 한 권에는 깊은 의미가 담겨져 있어요.
여자: 서준 씨는 저 잡지에 대해 잘 알고 있나 봐요?
남자: 호기심에 한번 찾아봤는데, 영국의 한 기업인이 노숙인 문제를 해결하기 위한 방안을 고심한 끝에 창간한 잡지라고 해요.
여자: 잡지로 어떻게 노숙인 문제를 해결한다는 거죠?
남자: 잡지의 판권을 노숙인들에게만 제공해서 자립의 계기를 마련해 주는 거예요. 다시 말하면 노숙인들만 잡지를 팔 수 있는데 잡지의 판매 수익은 고스란히 그들에게 돌아가는 거예요.
여자: 기발한 생각인데요? 그런데 이 잡지가 전 세계적으로 판매되고 있나요?
남자: 네, 나라별로는 다른 내용으로 편집되는데 주로 대중문화에 관한 내용이라서 부담없이 읽을 수 있어요. 전 흥미로운 기사들을 읽을 수 있을 뿐만 아니라 노숙인들에게 조금이나마 도움을 줄 수 있다는 생각에 자주 사요.
여자: 서준 씨 덕분에 오늘 새로운 정보를 알았어요. 저도 지금 당장 한 권 구입해야겠어요.

 세계 경제와 무역

듣고 말하기 1

경제학에서 자주 등장하는 용어로 '나비효과'라는 것이 있다. 사소한 사건 하나가 나중에 커다란 변화를 가져올 수도 있다는 이론이다. 미국의 한 기상학자는 기상 현상을 분석하는 과정에서 지구상 어디에선가 일어난 조그만 변화로 예측할 수 없는 날씨 현상이 나타날 수 있다는 것을 발견했다. 예를 들면 중국 베이징의 나비의 날갯짓이 결과적으로 미국의 기후에 엄청난 영향을 미칠 수 있다는 것이다.

이러한 나비효과는 국가 간 상호 협력과 의존도가 커진 오늘날에 더 큰 영향력을 발휘하고 있다. 대표적인 예로 2007년 중국 남부의 폭설이 전 세계의 철강, 조선, 자동차의 가격 상승을 불러온 사례가 있다. 당시 중국 남부 지역을 강타한 폭설로 석탄 생산이 중단되어 극심한 석탄 부족 현상이 나타났다. 중국 정부는 석탄 수출을 중단했고, 이 때문에 석탄의 국제 가격이 폭등하면서 철강, 조선, 자동차 등 석탄을 원료로 하는 제품의 가격 또한 인상되는 현상이 발생한 것이다.

세계화 정도가 심화되면 나비효과는 더욱 강력해질 것으로 보인다. 인터넷과 교통수단의 발달로 사람들의 교류와 정보의 흐름이 빨라지면서 지구촌 한구석의 미미한 변화가 순식간에 전 세계로 확산될 수 있기 때문이다.

듣고 말하기 2

남자: 최근 한국의 식량 자급률이 급락하고 있다는 조사 결과가 있는데요, 오늘은 식량 자급 문제에 대해 한번 짚어 보도록 하겠습니다. 경제부 김지원 기자 나왔습니다. 김 기자, 우리나라의 식량 자급 현황이 어떻습니까?

여자: 1960년대에는 80%에 육박했던 식량 자급률이 2020년 기준 45.8%로 떨어졌습니다. 특히 밀가루의 자급률은 0.8%로 수입에 거의 의존하고 있는 상황입니다.

남자: 그럼 시중에서 판매하는 밀가루는 전부 다 수입산이라고 봐야겠군요. 주식인 쌀이나 잡곡류의 경우는 어떻습니까?

여자: 쌀의 경우는 정부 정책 덕분에 자급률이 매년 90%를 넘는 수준입니다만 잡곡류의 경우는 20-30%를 오가는 것으로 나타났습니다.

남자: 그렇다면 쌀 이외에는 식량 자급률이 상당히 낮아 보이는데요. 이렇게 자급률이 떨어지는 이유는 무엇입니까?

여자: 우선 식생활의 변화로 수입산 식품들을 많이 먹게 된 것이 주원인입니다. 또 과거에 비해 우리나라의 농지 면적이 감소했고요.

남자: 그럼 외국산 식품의 수입량이 상대적으로 늘었겠군요.

여자: 네, 그리고 칠레, 미국, 유럽연합 등 과일이나 곡물을 대량으로 생산하는 나라들과의 FTA 체결로 식량 수입량은 앞으로도 계속 늘어날 것으로 보입니다.

남자: 소비자 입장에서는 다양한 상품을 값싸게 구입할 수 있으니 좋은 게 아닌가 싶은데요?

여자: 장기적으로 보았을 때 꼭 그렇지만도 않습니다. 식량 수출국에서 값을 올리더라도 어쩔 수 없이 비싼 값에 식량을 사들일 수밖에 없지요.

남자: 그렇군요. 그런 경우를 대비해 주식인 쌀만이라도 자급률을 계속 유지해야 하지 않을까 하는 생각이 듭니다.

8과 한반도의 정세

듣고 말하기 1

한국 전쟁 이후 남북이 서로 등을 돌리면서, 자신들의 의지와 상관없이 헤어져 살아야 했던 사람들이 있다. 이들을 이산가족이라 부르는데 이들은 서로의 생사도 모른 채 70여 년을 살아 왔으며 그 수는 십삼 만 명이 넘는다.

남북한 당국은 이산가족이 서로를 만날 수 있도록 상봉 행사를 개최하고는 있지만 충분하지 않다. 2019년 현자 남북한 간 공식적인 이산가족 상봉 행사는 이십여 차례에 불과하다. 그리고 이산가족 상봉 신청자 중에서 가족의 생사를 확인한 비율은 50%에도 못 미치는 수준이다.

이산가족 당사자들의 연령을 고려해 본다면 남북 이산가족 문제는 남북한의 다른 어떤 문제보다도 시급히 해결해야 하는 문제이다. 이산가족 상봉 신청자 중 70대 이상이 85%에 육박하는 등 고령화가 심각하기 때문인데 이러다가는 이산가족의 대부분이 그리운 가족의 얼굴도 못 보고 세상을 뜰 수도 있는 것이다.

이를 해결하기 위해서는 이산가족 상봉 행사를 개선할 필요가 있다. 우선 정치적인 상황에 따라 개최 여부를 결정하지 말고 인도적인 차원에서 상봉 행사를 마련해야 할 것이다. 더 나아가 지금처럼 남북을 오가며 개최하기보다는 중립 지역에 이산가족 면회소를 설치하여 상시적으로 상봉이 가능하도록 해야 할 것이다.

듣고 말하기 2

여자: 한국에서는 병역 비리가 굉장히 민감한 문제인 것 같아요. 정치 비리나 경제 비리보다도 더 화제가 되는 경우를 자주 보거든요.

남자: 한국의 경우, 남한과 북한이 휴전 중인 특수 상황이어서 나라를 지키는 것은 당연한 의무라는 생각이 폭넓게 자리 잡고 있기 때문이죠.

여자: 그러면 종교적인 신념이나 개인의 양심을 이유로 병역을 거부할 수는 없나요? 몇몇 나라에서는 병역을 거부할 권리를 인정하기도 하잖아요.

남자: 한국에서도 오랜 논의를 거친 끝에 2020년 10월부터 '대체복무제'라는 제도를 시행하고 있는데요. 종교적인 신념이나 개인의 양심을 이유로 병역을 거부할 권리를 인정하고 있어요.

여자: 대체복무제요? 군대에 안 가는 대신에 다른 일을 하는 건가요?

남자: 맞아요. 군 복무 대신에 다른 방식으로 병역의 의무를 수행하도록 하는 제도를 말하는데요. 군 복무 기간보다 2배 정도 긴 36개월 동안 교도소에서 근무하게 하고 있어요. 그리고 출퇴근을 하지 않고 교도소에 머물도록 하고 있고요.

여자: 그렇게 긴 기간 동안 교도소에서 근무해야 한다니, 대체복무도 군 복무 못지않게 힘들겠네요.

남자: 대체복무제가 군대를 기피하는 수단으로 악용될 우려가 있어서 군 복무와 비슷한 정도의 힘든 업무를 수행하게 하는 것으로 결정됐다고 하네요.

여자: 하긴 그렇지 않으면 군 복무를 하는 사람들과의 형평성 문제가 생길 수도 있겠네요.

남자: 이제 시행한 지 얼마 되지 않은 만큼 잘 정착되도록 사회 구성원 모두가 노력해야 할 것 같아요.

듣기 정답

5과 가치관과 사회의 변화

듣고 말하기 1

2 1) ②

2) ① (X)   ② (O)   ③ (X)   ④ (O)

3) ① ☑ 일과 휴식의 균형이 중요함

② ☑ 행복을 위해 이직할 수 있음

3 20대는 기성세대와는 달리 <u>개인의 행복을 중시하고, 자신의 신념을 소비를 통해 적극적으로 드러내는</u> 것으로 나타났다.

듣고 말하기 2

2 1) ① (O)   ② (O)   ③ (O)   ④ (X)

2) ③

3) 개인 중심의 복지 정책

3 1인 가구가 증가하는 원인은 <u>결혼이 필수가 아닌 선택이 되면서 혼자 사는 사람이 많아졌기</u> 때문이다.

6과 함께 사는 사회

듣고 말하기 1

2 1) ②

2) (댓글을 단다), (댓글)

3) ③

3 소셜 기부는 기업의 입장에서 보면 <u>상품을 홍보할 수 있고, 기업 이미지도 높일 수</u> 있어서 일석이조의 효과가 있다고 할 수 있다.

듣고 말하기 2

2 1) ④

2) 노숙인 문제를 해결하기 위해서

3) ① (O)   ② (X)   ③ (X)   ④ (O)

3 노숙인들에게 가장 필요한 것은 <u>스스로 살아갈 수 있도록 자립의 계기를 마련해 주는</u> 일일 것이다.

7과 세계 경제와 무역

듣고 말하기 1

2. 1) ① (O)   ② (X)   ③ (O)   ④ (X)

2) 인터넷과 교통수단의 발달로 사람들의 교류와 정보의 흐름이 빨라졌기 때문에

3) ② (중단)   ③ (중단)   ④ (폭등)
   ⑤ (인상)

3. 오늘날 나비효과는 **세계화**로 인해 더욱 거세질 것으로 보인다.

듣고 말하기 2

2. 1) ③

2) 식생활의 변화로 수입산 식품들을 많이 먹게 되어서, 농지 면적이 감소해서

3) 식량 수출국에서 식량 가격을 올려도 그 가격에 살 수밖에 없다.

3. 식량 자급률을 높여야 하는 이유는 **식량을 무기화 할 수 있기** 때문이다.

8과 한반도의 정세

듣고 말하기 1

2. 1) ① (O)   ② (X)   ③ (X)   ④ (X)

2) 이산가족의 고령화가 심각하기 때문에

3) ③

3. 이산가족 상봉 행사가 지속되기 위해서는 **인도적 차원에서 상봉 행사를 개최하는 것과 중립 지역에 면회소를 설치하는 것** 등의 노력이 필요하다고 할 수 있다.

듣고 말하기 2

2. 1) ③

2) ① (X)   ② (X)   ③ (X)   ④ (O)

3) 군대를 기피하는 수단으로 악용될 우려가 있어서

3. 대체복무제는 군대에서 복무하는 것과 비교해 봤을 때 **형평성에 어긋나는/형평성에 어긋나지 않는** 제도라고 생각한다.

어휘 색인

ㄱ

가공업자	82
가미하다	102
가치관	17
각광을 받다	43
각박하다	44
갈등을 빚다	17
강력하다	78
개념	27
개인주의	17
거두다	83
거론되다	32
거부감	27
거세지다	79
거울삼다	95
검토	117
(총을) 겨누다	105
격감	21
격노	21
격변	18
격세지감	25
격식적 표현	64
격하	95
결식아동	63
경계	115
경력 단절	29
경신하다	89
경제 지표	74
고령화	16
고무신을 거꾸로 신다	107
고스란히	55
고작	70
고조되다	56
고충	50
곡물 자급률	80
골을 넣다	24
공감하다	82
공급망	81
공기업	47
공무	47
공산주의	94
공식적	47
공약	47
공인	47
공정 무역	82
공정무역마을	84
공정하다	58
공헌	43
과격	21
과도기	18
과제	22
관건	18
관계에 훈풍이 불다	115
관세	72
괄목상대	77
교감	30
교역량	69
교훈 삼다	95
국산화	81
국세	25
국제기구	69
국토	95
권위주의	17
그치다	83
근로 시간	24
금전 기부	42
금전적	44
급감	80
급격	21
급등	80
급락	80
급속하다	17
기꺼이	44
기미가 안 보이다	95
기발하다	129
기사회생	79
기성세대	18
기우뚱기우뚱	108
기울어진 운동장	58
기초 생활 수급자	43
기한	22
기호 식품	82
긴장감	95
꾸역꾸역	108
낄낄거리다	47

ㄴ

나비효과	78
낙오자	57
날로	57
남부럽지 않게 살다	43
남북 정상	25
납부	25
냉각되다	115
냉각기	95
노숙인	54
노후되다	75
논리적	117
농가	82
누리다	45
느릿느릿	108

ㄷ

다국적 기업	82
다변화	81
단기간	19
단종되다	76
단축하다	24
달려 있다	17
담기다	55
담을 쌓다	70
당국	96
당면하다	99
당사자	99

당선되다	69
대박	25
대비하다	81
대선	69
대세이다	43
대체복무제	106
대출금	74
대폭	72
댓글	52
독거노인	63
동거	37
동전의 양면과 같다	95
동족상잔	103
동질성	95
동참하다	44
동행하다	29
둔화	68
뒷전인 채로	30
등을 돌리다	105
따끔하다	23
떵떵거리며 살다	43

ㄹ

링크	36

ㅁ

마련하다	23
마중물이 되다	95
막대하다	70
만만하다	109
만혼	37
맞들다	73
맞바꾸다	73
맞붙다	73
매연	76
매출 증대	79
머리글자를 따다	70
머리를 맞대다	69

머리를 모으다	69
멀뚱히	109
면역력	74
모병제	106
몫	82
몰두하다	30
몰락하다	56
몰려나가다	24
무관심하다	69
무관하다	36
무기화	80
무모하다	18
무인 자동차	48
물꼬를 트다	95
물품 기부	42
미디어	84
미미하다	79
민간	95
민감하다	96

ㅂ

바람결	108
바짓가랑이	108
반도체	68
발발	94
방안	16
방안	81
방어하다	32
백신	21
변동	16
변혁	61
병역	106
보탬	52
보호 무역	87
복구 활동	42
복무	106
부담없이	55
부실하다	54

부유층	56
부재	30
부지기수	17
부쩍	96
분배	82
분쟁	71
불가분의 관계다	96
불미스럽다	96
불안정하다	75
불우 이웃	43
불합리하다	82
비공식적	104
비관적	74
비극	103
비례하다	78
비로소	83
비리	106
비중을 차지하다	69
비중이 높다	69
비혼	37
빈곤	28
빈곤 계층	56
빠듯하다	43
뻔히	99
뿌듯하다	63

ㅅ

사람들의 물결	108
사표를 내다	17
사회복지제도	43
사회복지사	48
사회적 책임	20
사회적 통합	96
사회주의	94
사회 통합	56
상반기	24
상봉	95
상시적	104

상이군인 … 108	신념 … 27	외면하다 … 82
상호 협력 … 78	신조어 … 89	외양 … 54
새옹지마 … 25	실상 … 82	욕구 … 16
생계형 범죄 … 22	실시하다 … 38	용어 … 70
생색내다 … 57	심사숙고 … 48	우려하다 … 29
생이별하다 … 96	심심찮다 … 56	우방국 … 115
생활필수품 … 82	심화되다 … 78	우호 … 69
서독 … 19	십시일반 … 51	워라밸 … 26
서성거리다 … 108	쑥 … 108	원자재 … 68
선뜻 … 43		웬만한 … 69
선박 … 68	**ㅇ**	위배되다 … 116
선별 … 62	악용되다 … 107	위상 … 95
설상가상 … 30	안정감 … 31	유가 … 68
성취 … 26	야기되다 … 113	유의 사항 … 88
성큼성큼 … 108	야단치다 … 23	유입 … 17
소득 … 82	약화시키다 … 72	육박하다 … 81
소모품 … 21	양극화 현상 … 56	은퇴하다 … 27
소비 … 27	양식 … 116	의무화하다 … 72
소셜 기부 … 44	어기다 … 74	의성어 … 89
소실 … 21	얻다 … 31	의식하다 … 20
속수무책 … 77	얼어붙다 … 115	의존도 … 78
솔선수범하다 … 45	엄두를 못 내다 … 43	의태어 … 89
수록되다 … 111	업로드하다 … 79	의회 … 84
수립 … 94	업종 … 50	이산가족 … 95
수색 … 105	엇갈리다 … 35	이윤 … 43
수익금 … 44	여느 … 18	이재민 … 63
수직적 관계 … 20	역부족 … 56	이직하다 … 17
수치 … 82	역전 … 24	이해 관계국 … 96
수평적 관계 … 20	연계하다 … 98	인근 … 96
스마트아트 … 88	연구 윤리 … 116	인도주의 … 96
스크린 쿼터제 … 72	연이어 … 30	인성 … 30
스펙을 쌓다 … 24	연착되다 … 75	인식 … 38
승용차 요일제 … 76	오매불망 … 103	일손 돕기 … 42
승진 … 73	온정 … 44	일컫다 … 19
시간이 빠듯하다 … 43	완성도 … 117	일회성 … 57
시사하다 … 96	완주하다 … 101	
시행착오 … 48	외나무다리 … 109	
식량 자급률 … 80	외래문화 … 17	

ㅈ

자국	87
자금	27
자립	27
자본주의	94
자아실현	16
자유 무역	87
자유무역협정	68
자치구	29
자활	55
작동시키다	75
잠정적	96
잡곡류	80
장시간	75
재능 기부	44
재해 지역	48
쟁점	86
저소득층	43
저출산	16
적대국	115
적도	82
적정하다	82
전례	96
전쟁	96
절룩거리다	108
절실하다	56
절제	30
점유율	72
접근성	84
접전	48
접종	21
정당하다	82
정상 회담	97
정서	31
정세	92
정착되다	131
정책	28
제값	82
제고	95
제법이다	69
제약 회사	46
제출하다	22
조정하다	71
조직	26
조짐이 없다	95
존중	26
종료	24
종사하다	44
주거	28
중간 상인	82
중립 지역	105
중산층	44
중시하다	32
증진	69
지구촌	79
지지	84
직성이 풀리다	101
진급	73
집단주의	17
징병제	106
짚다	81
짝	108
짬을 내다	31

ㅊ

차질	76
착각하다	22
착안하다	29
착용하다	79
참고 문헌	116
참여율	52
참전하다	105
참혹하다	111
창간하다	54
창업	25
청춘	26
체결	94
체결하다	70
체제	17
초라하다	54
초래하다	110
촉진하다	71
최소화하다	96
최우선으로 하다	18
최저 생계비	43
추세	26
추이	16
출처	36
충당하다	50
충실하다	18
충족시키다	84
취약 계층	43
취지	83
측은지심	51
치르다	82
치솟다	68
친환경	89

ㅋ

칼럼	86
코딩	25

ㅌ

타격을 입다	72
태평양 전쟁	108
토론	23
통일 비용	96
통합하다	18
퇴사하다	27
투입	62

ㅍ

파업	69
판권	54
펄럭거리다	108
평등주의	17
평생직장	26
포털 사이트	29
표방하다	83

ㅎ

하반기	68
학사 경고	49
한강의 기적	18
한구석	79
한국 전쟁	18
한반도	95
한정되다	82
함양	30
항목	38
항목별	64
핵	96
핵심	88
헌혈	42
현안	69
협정	69
형평성	107
호전되다	74
호황	72
혼란	96
홍보하다	52
후속 연구	91
화제가 되다	107
확산되다	44
확신하다	83
환원하다	43
황금연휴	103
회상하다	111
후원하다	52
휘슬	24
휴전	94
휴전선	94
흉년	78
힘을 쏟다	72

문법 색인

ㄱ
- -고도 남다 · 50
- -기(가) 일쑤(이)다 · · · · · · · · · · · · · · · · · · · 75

ㄴ
- -(ㄴ/는)다 뿐이지 · · · · · · · · · · · · · · · · · · · 100
- -(ㄴ/는)다면야 · 76
- -는 동시에 · 24
- -는 한이 있더라도 · · · · · · · · · · · · · · · · · · · 101
- -는가 하면 · 23

ㄷ
- -되 · 102

ㅇ
- -(으)ㄴ 끝에 · 48
- -(으)ㄹ 판이다 · 49
- -(으)려니 · 22
- -(으)면 모를까 · 74

집필

김정훈
한양대학교 국제교육원 교수
한양대학교 교육공학과 박사

배소영
한양대학교 국제교육원 교수
한양대학교 국어교육학과 박사

강현주
한양대학교 국제교육원 교육전담교수
한양대학교 교육대학원 외국인을위한한국어교육 석사

한양 한국어 6-2

초판 1쇄 발행 2021년 11월 30일

지은이	한양대학교 국제교육원
펴낸이	박민우
기획팀	송인성, 김선명
편집팀	박우진, 김영주, 김정아, 최미라, 전혜련
관리팀	임선희, 정철호, 김성언, 권주련
펴낸곳	(주)도서출판 하우
주소	서울시 중랑구 망우로68길 48
전화	(02)922-7090
팩스	(02)922-7092
홈페이지	http://www.hawoo.co.kr
e-mail	hawoo@hawoo.co.kr
등록번호	475호

값 17,000원
ISBN 979-11-6748-024-8 14710
ISBN 979-11-6748-022-4 (set)

* 이 책의 저자와 (주)도서출판 하우는 모든 자료의 출처 및 저작권을 확인하고 정상적인 절차를 밟아 사용하였습니다.
  일부 누락된 부분이 있을 경우에는 이후 확인 과정을 거쳐 반영하겠습니다.

* 이 책은 저작권법에 따라 보호받는 저작물이므로 무단 전재와 무단 복제를 금지하며,
  이 책 내용의 전부 또는 일부를 이용하려면 반드시 저작권자와 (주)도서출판 하우의 서면 동의를 받아야 합니다.